Petits plats détox

SOLAR EDITIONS

W0204040

SOMMAIRE

SOUPE VERTE, ŒUF POCHÉ

POUR 4 PERSONNES • PRÉPARATION : 20 MIN • CUISSON : 15 MIN

1 tête de brocoli + 1 gros poireau + 700 ml de bouillon de légumes + 4 œufs
2 cuil. à soupe de crème épaisse + 2 cuil. à soupe de cream cheese + 50 ml de vinaigre blanc
1 cuil. à soupe de beurre + Huile d'olive + Piment en paillettes (ou piment d'Espelette)
Sel, poivre
Pour le pesto : 20 g de persil + quelques feuilles pour servir + 10 g de coriandre en feuilles
1 gousse d'ail + 25 g de pignons + 20 g de parmesan râpé + un peu pour servir
120 ml d'huile d'olive

❒ Préparez le pesto. Mixez le persil, la coriandre, l'ail écrasé et les pignons. Transvasez dans un grand bol et ajoutez le parmesan, mélangez à la fourchette, puis versez l'huile en battant.

❒ Coupez le poireau en rondelles. Prélevez les fleurs de brocoli et coupez les tiges. Faites fondre le beurre dans une cocotte, ajoutez le poireau, les tiges de brocoli et une pincée de sel. Faites cuire à feu moyen, en remuant, 5 minutes environ.

❒ Ajoutez les fleurs de brocoli et 3 tasses de bouillon. Porsuivez la cuisson, en remuant de temps en temps, jusqu'à ce que la soupe soit chaude et les fleurs juste tendres, 5 minutes environ.

❒ Retirez la soupe du feu et incorporez le pesto, la crème et le cream cheese. Mixez pour supprimer les gros morceaux de brocoli et de poireau. Ajoutez un peu de bouillon si vous souhaitez une soupe moins épaisse. Ajustez l'assaisonnement.

❒ Faites bouillir un grand volume d'eau, versez-y le vinaigre, faites tourbillonner l'eau, puis craquez 1 œuf au milieu, pochez-le 3 minutes et égouttez-le. Recommencez avec les œufs restants.

❒ Servez chaud avec 1 œuf poché dans chaque bol. Arrosez d'huile, saupoudrez de piment, de persil et de parmesan.

BOUILLON D'ASPERGES AUX PALOURDES

POUR 4 PERSONNES • PRÉPARATION : 30 MIN • CUISSON : 20 MIN • TREMPAGE : 1 H

1 botte d'asperges vertes + 1 tige de citronnelle (facultatif) + 1 branche de céleri + 1 oignon
2 gousses d'ail + 2 cuil. à soupe d'huile d'olive + 1 feuille de laurier + 2 branches de thym
Quelques tiges de ciboulette pour le service + Sel, poivre
Pour les palourdes : 20 palourdes + 50 cl de vin blanc + 5 branches de persil finement ciselées + Le jus de 1 citron jaune

❐ Préparez les palourdes. Faites-les dégorger dans un récipient rempli d'eau pendant au moins 1 heure (jusqu'à 12 heures). Dans une casserole, faites chauffer le vin blanc avec le persil et le jus du citron. À frémissement, ajoutez les palourdes et faites cuire jusqu'à ce qu'elles s'ouvrent (jetez celles qui restent fermées). Filtrez en conservant le jus de cuisson.

❐ Pendant la cuisson des palourdes, retirez la partie dure de la base des asperges et coupez le reste en rondelles en gardant 5 cm environ de la pointe. Coupez la tige de citronnelle en tronçons de 3 cm. Rincez la branche de céleri et coupez-la en fines rondelles. Épluchez et ciselez l'oignon et les gousses d'ail.

❐ Dans une casserole, chauffez 1 cuillerée à soupe d'huile d'olive et faites-y suer l'ail et l'oignon, puis ajoutez la partie dure des asperges, les tronçons de citronnelle, la feuille de laurier, les branches de thym et 75 cl d'eau. Portez à ébullition et faites cuire 15 minutes à frémissement. Filtrez.

❐ Dans une cocotte, chauffez le restant d'huile et faites-y revenir 2 minutes les rondelles et pointes d'asperge. Ajoutez le bouillon et le jus de cuisson des palourdes et portez à ébullition.

❐ Hors du feu, ajoutez les palourdes. Goûtez et rectifiez l'assaisonnement. Servez aussitôt le bouillon d'asperges aux palourdes parsemé de ciboulette ciselée.

SOUPE DE LÉGUMES, QUINOA ET VEAU

POUR 1 PERSONNE • PRÉPARATION : 15 MIN • CUISSON : 20 MIN

50 g de chou kale + 80 g de potiron + 1 navet + 1 carotte + 40 g de kasha
80 g de veau + 40 g de quinoa + 1 cuil. à café d'huile d'olive + Sel, poivre

❒ Lavez le chou kale, éliminez la nervure centrale et coupez le reste en fines lanières avec un gros couteau.

❒ Pelez la carotte et coupez-la en rondelles. Pelez le potiron et coupez-le en petits cubes. Pelez le navet et coupez-le en cubes. Coupez le veau en petits morceaux.

❒ Dans une casserole, versez l'huile d'olive et faites légèrement dorer les morceaux de veau. Salez, poivrez, ajoutez les légumes, le quinoa et couvrez d'eau. Faites cuire 15 minutes.

❒ Dégustez saupoudré de kasha.

GASPACHO FRAISE-TOMATE

POUR 4 PERSONNES • PRÉPARATION : 10 MIN

150 g de fraises + 4 belles tomates + 8 feuilles de basilic
2 cuil. à café de vinaigre balsamique + 1 cuil. à café de sel + ¼ cuil. à café de poivre

❒ Épluchez les tomates et enlevez les graines. Retirez les pédoncules des fraises. Dans le bol d'un robot mixeur, placez les tomates, les fraises, le vinaigre balsamique, les feuilles de basilic, le sel et le poivre.

❒ Mixez jusqu'à obtenir une soupe bien lisse. Servez très frais pour un déjeuner estival.

POTAGE DE BUTTERNUT AU LAIT D'AMANDE

POUR 4 PERSONNES • PRÉPARATION : 15 MIN • CUISSON : 20 MIN

1 courge butternut (800 g de chair environ) + 1 oignon + 1 gousse d'ail (facultatif)
1 cuil. à soupe d'huile d'olive + 1 l de lait d'amande + 2 cuil. à soupe de purée d'amandes
Sel, poivre

❒ Pelez la courge, retirez les graines et coupez la chair en morceaux pas trop gros. Épluchez et émincez l'oignon. Pelez et écrasez du plat d'un couteau la gousse d'ail.

❒ Dans un faitout, chauffez l'huile et faites revenir les morceaux de courge avec l'ail et l'oignon. Versez le lait d'amande. Portez à ébullition et poursuivez la cuisson à frémissement pendant 20 minutes, jusqu'à ce que la courge soit tendre.

❒ À l'aide d'un robot plongeant ou d'un blender, mixez les légumes avec la purée d'amandes. Ajoutez un peu d'eau si le potage vous semble trop épais. Goûtez et rectifiez l'assaisonnement.

❒ Servez aussitôt.

GASPACHO DE CAROTTE ET CRÈME AU CURCUMA

POUR 4-6 PERSONNES • PRÉPARATION : 20 MIN • TREMPAGE : 1 H
CUISSON : 10 MIN • RÉFRIGÉRATION : 4 H

7 carottes + ½ oignon + 45 cl de bouillon de légumes en cube + 23 cl de lait d'amande
½ cuil. à café de sel + 1 oignon vert (pour la garniture) + Sel, poivre
Pour la crème au curcuma : 18 cl de lait d'amande + 1 cuil. à café de curcuma
80 g de noix de cajou + 1 gousse d'ail

❐ Faites tremper les noix de cajou dans un bol d'eau pendant au moins 1 heure.

❐ Faites cuire les carottes pelées et coupées en morceaux, dans une casserole d'eau bouillante, pour 10 minutes environ, puis transférez dans un bol d'eau glacée quelques minutes. Égouttez.

❐ Épluchez et ciselez l'oignon. Transférez dans un blender les carottes et l'oignon puis versez le bouillon et le lait, salez. Mixez jusqu'à l'obtention d'un liquide homogène. Réfrigérez pendant 4 heures.

❐ Égouttez les noix de cajou, dégermez et hachez l'ail finement. Déposez tous les ingrédients pour la crème au curcuma dans un blender et mixez jusqu'à l'obtention d'une crème onctueuse.

❐ Coupez l'oignon vert finement. Servez chaque bol avec 1 cuillerée de crème au curcuma, parsemez d'oignon vert et assaisonnez.

SOUPE CIOPPINO (TOMATES, PERSIL ET BAR)

POUR 4 PERSONNES • PRÉPARATION : 15 MIN • CUISSON : 38 MIN

800 g de bar + 100 g de tomates cerises + 800 g de tomates entières pelées au jus
1 petit oignon haché + 4 gousses d'ail hachées + 1 pincée d'origan + 200 ml de vin blanc
30 g de persil ciselé + 240 ml de jus de palourde (ou de fumet de poisson, de bouillon de légumes...) + 10 g de coriandre ciselée + 50 g d'olives vertes dénoyautées et grossièrement hachées + Huile d'olive + Sel, poivre

❒ Faites dorer l'oignon dans une poêle avec un filet d'huile d'olive et une pincée de sel pendant 5 à 7 minutes. Faites revenir l'ail et l'origan 2 à 3 minutes, versez le vin blanc et laissez-le réduire 4 minutes.

❒ Ajoutez les tomates entières avec leur jus en les malaxant bien avec les mains, parsemez de persil. Laissez mijoter 15 minutes environ.

❒ Versez le jus de palourde et 1,5 l d'eau. Salez, poivrez et laissez cuire encore 15 minutes.

❒ Coupez le bar en petits morceaux, ajoutez-le à la soupe avec les tomates cerises et les olives et laissez cuire à couvert pendant 5 minutes. Parsemez de coriandre, assaisonnez et servez aussitôt.

BOUILLON AUX ALGUES

POUR 4 PERSONNES • PRÉPARATION : 5 MIN • CUISSON : 15 MIN

CONSERVATION : 2-3 JOURS AU RÉFRIGÉRATEUR

OU 2 MOIS AU CONGÉLATEUR

15 g de salade du pêcheur (mélange d'algues en paillettes) + 2 échalotes
1 branche de céleri + 1 citron jaune + 1 cuil. à soupe d'huile d'olive + Sel

❐ Pelez et ciselez les échalotes. Rincez et taillez la branche de céleri en petits dés. Lavez le citron et prélevez la moitié de son zeste.

❐ Dans une casserole, faites chauffer l'huile. Ajoutez le céleri et les échalotes et faites revenir quelques minutes jusqu'à coloration. Ajoutez 1 l d'eau et portez à ébullition. Versez le mélange d'algues et le zeste de citron, et poursuivez la cuisson à frémissement pendant 10 minutes. Goûtez et rectifiez l'assaisonnement.

❐ Filtrez à travers un chinois ou une passoire à grille fine. Dégustez aussitôt le bouillon aux algues ou laissez-le refroidir avant de le placer au réfrigérateur.

BOUILLON ASIATIQUE AU TOFU SOYEUX ET AUX CHAMPIGNONS

POUR 4 PERSONNES • PRÉPARATION : 30 MIN • CUISSON : 2 H 15

50 g de tofu soyeux + 6 champignons de Paris + 100 g de vermicelles de riz + 2 carottes
1 poireau + 3 gousses d'ail + 1 branche de céleri avec feuilles + 10 cm de gingembre frais
2 ciboules + 5 cl de sauce soja + 1 cuil. à café de graines de coriandre
½ cuil. à café de grains de poivre

❒ Épluchez le gingembre, les carottes et le poireau, puis coupez-les en gros tronçons. Épluchez les gousses d'ail. Coupez le céleri en gros morceaux. Dans une grande casserole, versez 1,5 l d'eau. Ajoutez la sauce soja, les morceaux de gingembre, de carotte, de poireau, de céleri, les gousses d'ail, les grains de poivre et les graines de coriandre. Laissez mijoter à couvert sur feu moyen pendant 2 heures.

❒ Nettoyez et émincez finement les champignons. Émincez finement les ciboules. Coupez le tofu soyeux en petits cubes. Réservez.

❒ Filtrez le bouillon, puis portez-le à ébullition et faites-y cuire les vermicelles de riz et les champignons pendant 15 minutes.

❒ Répartissez le bouillon, les vermicelles et les champignons entre 4 bols et ajoutez les cubes de tofu soyeux et les ciboules émincées. Servez aussitôt pour un repas réconfortant.

SOUPE QUINOA LAIT DE COCO-POULET

POUR 6 PERSONNES • PRÉPARATION : 20 MIN • CUISSON : 20 MIN

150 g de quinoa + 300 g de blancs de poulet + 1 l de bouillon de volaille
35 cl de lait de coco + 100 g de mini-maïs en bocal + 1 tige de citronnelle + 1 gousse d'ail
1 grosse échalote + 1-2 piments oiseaux + 1 morceau de gingembre (4 cm environ)
½ bouquet de coriandre fraîche + 2 citrons verts + 3 cuil. à soupe d'huile (olive ou autre) + Sel

❒ Épluchez et hachez l'échalote. Découpez les blancs de poulet en petites lanières. Écrasez l'ail épluché et dégermé à l'aide de la lame d'un couteau. Détaillez le piment en rondelles.

❒ Épluchez et hachez le gingembre, et lavez la coriandre.

❒ Effeuillez-la et hachez-la grossièrement. Rincez bien le quinoa.

❒ Dans une casserole ou une cocotte, faites chauffer l'huile.

❒ Faites revenir l'ail, l'échalote, le piment, le gingembre et la citronnelle sur feu moyen 2 à 3 minutes.

❒ Rincez le quinoa, puis ajoutez-le avec le bouillon de volaille et le lait de coco. Salez. Laissez mijoter doucement 10 minutes à couvert. Ajoutez le maïs et le poulet, ôtez le couvercle et laissez cuire 5 minutes.

❒ Versez le jus des citrons verts. Rectifiez l'assaisonnement.

❒ Servez la soupe dans des bols et parsemez de coriandre.

❒ Déposez sur la table le reste de coriandre et de piment pour ceux qui aiment les saveurs très relevées comme en Thaïlande.

BOUILLON DE SAUGE ET ROMARIN AU CITRON

POUR 4 PERSONNES • PRÉPARATION : 5 MIN • CUISSON : 10 MIN

6 feuilles de sauge + 10 feuilles de romarin + 1 citron + 1 gousse d'ail + Sel

❒ À l'aide d'un économe, prélevez le zeste du citron. Pelez et émincez la gousse d'ail.

❒ Déposez dans une casserole le zeste de citron, l'ail émincé, les feuilles de sauge et de romarin. Ajoutez 1 l d'eau et portez à ébullition. Poursuivez la cuisson pendant 10 minutes à frémissement.

❒ Filtrez à travers un chinois ou une passoire à grille fine. Goûtez et rectifiez l'assaisonnement.

❒ Savourez aussitôt le bouillon ou laissez-le refroidir avant de le placer au réfrigérateur.

BOUILLON VERMICELLES AU POULET

POUR 4 PERSONNES • PRÉPARATION : 20 MIN • CUISSON : 30 MIN

300 g de vermicelles de riz + 2 blancs de poulet + 2 carottes
1 poireau + 1 oignon + Sel, poivre

- Épluchez l'oignon et émincez-le finement.
- Lavez le poireau et coupez-le en rondelles. Épluchez les carottes et coupez-les en rondelles. Coupez les blancs de poulet en morceaux.
- Faites revenir l'oignon dans une casserole, sans matière grasse, pendant quelques minutes. Salez, poivrez. Ajoutez le poulet et saisissez-le pendant quelques minutes, puis versez 1 l d'eau. Portez à ébullition. Ajoutez le poireau et les carottes. Laissez cuire 20 minutes.
- Ajoutez les vermicelles de riz au dernier moment. Mélangez et servez chaud dans des bols.

SOUPE FROIDE DE FENOUIL, POMMES, LAITUE ET CERFEUIL

POUR 6 PERSONNES • PRÉPARATION : 15 MIN

2 bulbes de fenouil + 2 pommes granny-smith + 1 laitue + 1 bouquet de cerfeuil
2 oignons + 1 cube de bouillon de légumes + 12 glaçons + Sel, poivre

❒ Rincez les bulbes de fenouil, coupez les tiges et retirez la peau si nécessaire, là où elle est abîmée. Coupez-les en morceaux.

❒ Pelez les pommes, coupez-les en quartiers et épépinez-les.

❒ Lavez les feuilles de laitue et essorez-les.

❒ Coupez la base des brins de cerfeuil. Ne l'effeuillez pas, mais rincez-le et séchez-le sur du papier absorbant. Pelez les oignons et coupez-les en quatre.

❒ Rassemblez, dans le bol du blender, le fenouil, les pommes, la laitue, le cerfeuil, les oignons, le cube de bouillon de légumes, 40 à 50 cl d'eau fraîche (plus ou moins selon la texture désirée) et les glaçons. Mixez le temps nécessaire pour obtenir une préparation bien lisse.

❒ Goûtez, puis salez et poivrez selon votre goût. Dégustez bien frais.

SOUPE DE POIS CASSÉS AU COMBAWA

POUR 6 PERSONNES • PRÉPARATION : 10 MIN • CUISSON : 30 MIN

300 g de pois cassés + 1 petit oignon + 1 gousse d'ail + 1 cm de gingembre frais
1 citron combawa + 1 feuille de laurier + Sel, poivre

❒ Pelez l'oignon et le gingembre et rincez-les.

❒ Faites cuire les pois cassés pendant 30 minutes dans 1 l d'eau bouillante salée avec la feuille de laurier et l'oignon.

❒ Rincez le combawa, et prélevez le zeste et le jus. Épluchez la gousse d'ail et coupez-la en morceaux.

❒ Mixez les pois cassés et leur eau de cuisson en ayant au préalable retiré la feuille de laurier, l'oignon et le gingembre. Ajoutez l'ail et le jus de citron. Assaisonez. Mixez de nouveau.

❒ Servez chaud dans des bols et parsemez de zeste de combawa.

GASPACHO DE CONCOMBRE AUX ALGUES

POUR 4 PERSONNES • PRÉPARATION : 10 MIN

2 concombres + 1 cuil. à soupe d'algues sèches + 1 gousse d'ail
Le jus de 1 citron + Sel, poivre

❒ Pelez et coupez en morceaux les concombres. Épluchez et émincez la gousse d'ail.

❒ Mixez le tout, puis passez le mélange au chinois ou dans une passoire fine. Ajoutez le jus de citron, salez et poivrez.

❒ Servez dans des bols et parsemez d'algues. Dégustez à température ambiante ou réservez 2 heures au réfrigérateur avant de servir.

VELOUTÉ D'AVOCAT AU CITRON VERT

POUR 6 PERSONNES • PRÉPARATION : 20 MIN

3-4 avocats (600 g de chair environ) + 2 citrons verts + 2 petits oignons nouveaux
200 g de yaourt brassé + 12 glaçons + Sel, poivre

❒ Coupez les citrons verts et pressez-les pour en recueillir le jus.

❒ Pelez les oignons et ciselez-les.

❒ Ouvrez les avocats, dénoyautez-les et récupérez la chair.

❒ Mettez-la dans le bol du blender et arrosez-la de jus de citron vert. Ajoutez les oignons, le yaourt et les glaçons.

❒ Mixez longuement, allongez d'eau fraîche jusqu'à obtenir la consistance désirée.

❒ Goûtez, salez et poivrez. Dégustez aussitôt.

SOUPE PHÔ

POUR 4 PERSONNES • PRÉPARATION : 20 MIN • CUISSON : 35 MIN

4 bâtons de cannelle + 4 étoiles de badiane + 1 cuil. à soupe de graines de coriandre
1,5 l de bouillon de légumes + 2 cuil. à soupe de sauce soja + 2 oignons coupés en lamelles
1 morceau de gingembre (10 cm) émincé + 250 g de vermicelles de riz
350 g de tofu ferme + ½ brocoli + 1 concombre + 2 citrons verts en quartiers
2 petits piments + Quelques brins de menthe + Quelques brins de coriandre
Quelques graines germées + Quelques graines de sésame noir
1 pincée de piment d'Espelette

❒ Déposez les épices (cannelle, badiane, graines de coriandre) dans une casserole, faites-les chauffer 1 minute, puis versez le bouillon, la sauce soja, les oignons et le gingembre. Portez à ébullition, puis laissez mijoter 30 minutes.

❒ Filtrez le bouillon à l'aide d'un tamis ou d'une passoire, puis reversez le liquide dans la casserole. Faites-y cuire les vermicelles en suivant les indications sur l'emballage.

❒ Préparez des bols individuels en y versant des vermicelles et du bouillon. Garnissez de fines tranches de tofu, quelques fleurs de brocoli crues, de rondelles de concombre coupées en demi-lune, de quartiers de citron et d'un petit piment. Parsemez de menthe, de feuilles de coriandre, de graines germées, de graines de sésame et de piment d'Espelette.

BOUILLON MISO À LA COURGE, NOUILLES SOBA, CHAMPIGNONS

POUR 4 PERSONNES • PRÉPARATION : 25 MIN • CUISSON : 20-25 MIN

1 petite citrouille + 2 oignons + 3 gousses d'ail + 2 cuil. à soupe d'huile de coco
1 cuil. à café de sel

Pour les toppings : 180 g de nouilles soba + 4 champignons au choix + 3 cuil. à soupe de pâte miso + 1 cuil. à soupe de gingembre frais râpé + Quelques graines de sésame
Quelques oignons verts + 1 grande feuille d'algue nori + Sel, poivre

❒ Épluchez et émincez les oignons, hachez l'ail. Lavez bien la citrouille (vous pouvez garder la peau) et coupez-la en morceaux.

❒ Dans une cocotte, faites fondre 1 cuillerée à soupe d'huile de coco. Ajoutez les oignons émincés et le sel, laissez mijoter quelques minutes, jusqu'à ce qu'ils caramélisent un peu. Ajoutez l'ail haché, puis la citrouille et 1 l d'eau, couvrez, portez à ébullition, puis laissez mijoter à feu doux 15 minutes environ, jusqu'à ce que la citrouille soit tendre.

❒ Pendant ce temps, faites cuire les nouilles soba en suivant les indications sur l'emballage. Émincez les oignons verts et faites sauter les champignons dans une poêle avec le reste d'huile de coco.

❒ Transférez la préparation à la citrouille dans un blender et mixez jusqu'à l'obtention d'une consistance crémeuse. Ajoutez la pâte miso, le gingembre et mélangez à nouveau. Goûtez et ajustez l'assaisonnement.

❒ Versez la soupe dans les bols, garnissez de nouilles soba, d'oignons verts, de graines de sésame, de champignons et d'algue émiettée.

BURGERS QUINOA-BETTERAVE, SAUCE À L'AVOCAT

POUR 3 PERSONNES • PRÉPARATION : 15 MIN • REPOS : 10 MIN • CUISSON : 8 MIN

1 petite betterave + 70 g de quinoa cuit + 1 œuf + 1 petit oignon + 2 gousses d'ail
1 cuil. à soupe de graines de lin + 2 cuil. à soupe de pain grillé réduit en miettes
(ou chapelure) + 1 cuil. à soupe d'huile de coco (fondue) + 1 cuil. à soupe d'huile
d'olive + un peu pour la cuisson + Le jus de ½ citron + 1 pincée de piment d'Espelette
1 cuil. à café de sel + 1 cuil. à soupe de cacahuètes + Sel, poivre
Pour la sauce : 1 avocat + 1 cuil. à soupe de raifort + 2 cuil. à soupe de yaourt
Le jus de ½ citron vert

❒ Pelez et râpez la betterave, hachez l'oignon et l'ail. Transférez le tout dans un saladier avec le reste des ingrédients. Réalisez 6 burgers environ dans la paume des mains. Si la texture est trop humide, ajoutez un peu de miettes de pain (ou chapelure). Laissez reposer au frais 10 minutes environ.

❒ Préparez la sauce. Dans un petit bol, écrasez l'avocat avec une fourchette, puis mélangez avec le reste des ingrédients, assaisonnez, goûtez et rectifiez l'assaisonnement si nécessaire.

❒ Faites fondre un filet d'huile dans une poêle, puis déposez les burgers et faites-les cuire 5 minutes d'un côté et 3 minutes de l'autre. Servez les burgers sur la sauce.

MUFFINS DE QUINOA À LA COURGETTE ET À LA FETA MARINÉE

POUR 9 MUFFINS • PRÉPARATION : 10 MIN

CUISSON : 30 MIN (HORS CUISSON DU QUINOA)

200 g de quinoa + 1 courgette + 2 œufs + 100 g de feta émiettée + un peu pour la garniture + 1 cuil. à soupe d'huile d'olive + un peu pour les moules 1 cuil. à café de zaatar + 1 pincée de piment d'Espelette + Sel, poivre

- Préchauffez le four à 180 °C (th. 6).
- Rincez et faites cuire le quinoa en suivant les indications sur l'emballage.
- Mettez la feta émiettée dans un petit bol et versez l'huile d'olive, parsemez de zaatar. Râpez la courgette et égrenez le quinoa.
- Mélangez dans un bol le quinoa, la courgette râpée, la feta marinée, le piment d'Espelette et les œufs. Assaisonnez et transférez le mélange dans des moules à muffins huilés.
- Enfournez pour 30 minutes environ. Parsemez de feta émiettée avant de servir.

TACOS AUX LENTILLES ET AUX FRAISES

POUR 4 PERSONNES • PRÉPARATION : 10 MIN • CUISSON : 20 MIN

8 tortillas de maïs + 150 g de lentilles + 200 g de fraises + 2 avocats + ½ chou rouge
Le jus de ½ citron + 1 filet + 1 cuil. à soupe d'huile d'olive + Sel, poivre

❐ Faites cuire les lentilles dans une casserole d'eau bouillante salée pendant 20 minutes, égouttez.

❐ Coupez finement le chou et les fraises, transférez dans un bol et arrosez d'huile d'olive et de jus de citron, salez et poivrez. Ajoutez les lentilles et mélangez bien.

❐ Ôtez la peau et le noyau des avocats. Mettez leur chair dans un petit bol, pressez un filet de citron et écrasez à l'aide d'une fourchette.

❐ Réchauffez les tortillas, tartinez-les de la purée d'avocats et ajoutez 1 cuillerée généreuse du mélange de lentilles.

MINI-TACOS DE BETTERAVE CRUE

POUR 4 PERSONNES • PRÉPARATION : 10 MIN • TREMPAGE : 1 NUIT

3 betteraves cuites + 75 g d'amandes + Le jus de ½ citron + 2 cuil. à soupe d'huile d'olive
2 gousses d'ail + 2 brins de thym + quelques feuilles pour la garniture
Quelques feuilles de basilic + 1 pincée de sel

❒ Faites tremper les amandes dans un bol d'eau pendant une nuit.

❒ Mixez dans le bol d'un robot les amandes, l'huile d'olive, le jus de citron, le sel, les gousses d'ail écrasées, le thym effeuillé et le basilic. Goûtez et rectifiez l'assaisonnement.

❒ Transférez le mélange sur du papier cuisson et roulez-le afin de former une bûche. Laissez reposer au frais pendant une nuit.

❒ Pelez et coupez les betteraves en rondelles très fines, à l'aide d'une mandoline si possible.

❒ Déposez 1 cuillerée à soupe de pâte sur la moitié d'une rondelle de betterave et pliez l'autre moitié par-dessus. Goûtez et rectifiez l'assaisonnement avant de poursuivre.

❒ Parsemez de thym et servez aussitôt.

CHOU KALE GRILLÉ, CROÛTONS AU PAPRIKA, RADIS ET VINAIGRETTE AU YAOURT

POUR 4 PERSONNES • PRÉPARATION : 20 MIN • CUISSON : 20-25 MIN

1 pomme granny-smith + 10 radis + 2 tranches de pain grillé + 8 cuil. à soupe d'huile d'olive
1 cuil. à café de paprika fumé + 100 g de yaourt + 2 gousses d'ail + Le jus de ½ citron
1 cuil. à soupe de miel + 2 gros bouquets de chou kale + Sel, poivre

❒ Préchauffez le four à 180 °C (th. 6). Réduisez le pain en petits morceaux et mélangez-les avec 4 cuillerées à soupe d'huile et le paprika, puis déposez-les sur une plaque de cuisson. Enfournez pour 15 à 20 minutes, ou jusqu'à ce que les morceaux de pain soient croustillants et dorés.

❒ Pendant ce temps, mélangez 2 cuillerées à soupe d'huile, le yaourt, l'ail râpé, le jus de citron et le miel dans un petit bol, assaisonnez.

❒ Préchauffez le gril du four. Retirez les tiges de chou kale. Hachez grossièrement les feuilles et retirez les nervures si elles sont épaisses. Déposez-les sur une plaque allant au four avec le reste de l'huile et une pincée de sel. Malaxez avec les mains, puis enfournez 2 à 5 minutes, jusqu'à ce qu'elles deviennent un tout petit peu grillées et croustillantes.

❒ Coupez la pomme en quartiers, puis en fines lamelles et les radis en fines rondelles.

❒ Transférez le chou dans un saladier avec les morceaux de pomme, les rondelles de radis et les croûtons accompagnés de la sauce au yaourt.

PANCAKES AU CHOU ET À L'OIGNON VERT

POUR 20 PANCAKES • PRÉPARATION : 10 MIN • CUISSON : 6 MIN

5 œufs + 50 g de farine + 500 g de chou vert + 1 cuil. à café de sauce soja + 1 cuil. à café d'huile de sésame + 1 botte d'oignons verts (ciboule) + Huile de coco (pour frire)
Pour la sauce : 6 cl de sauce soja + 2 cuil. à soupe de vinaigre de riz + 1 cuil. à soupe d'eau 1 cuil. à café de sauce rouge épicée (type sriracha ou harissa) + 1 cuil. à café de sucre de canne + ½ cuil. à café d'huile de sésame

❒ Battez dans un bol les œufs avec la sauce soja et l'huile de sésame. Incorporez la farine petit à petit. Ajoutez le chou et les oignons lavés et émincés.

❒ Préparez la sauce : mélangez tous les ingrédients dans un petit bol.

❒ Faites chauffer dans une poêle un filet d'huile, puis déposez délicatement plusieurs petites cuillerées du mélange.

❒ Faites cuire 3 minutes de chaque côté, jusqu'à ce que les pancakes dorent. Transférez sur un papier absorbant puis servez avec la sauce.

SALADE DE POULET, FÈVES, FENOUIL ET CONCOMBRE SUR TOASTS

POUR 4 PERSONNES • PRÉPARATION : 10 MIN • CUISSON : 15-20 MIN

2 gros blancs de poulet (ou 4 petits) + 150 g de fèves (surgelées) + 1 petit concombre
1 petit fenouil + 1 échalote + 2 cuil. à soupe d'estragon frais haché + 1 cuil. à soupe de vinaigre de vin rouge + 2 cuil. à café de jus de citron frais + 1 cuil. à café de zeste de citron
8 tranches de pain de campagne aux graines de pavot (ou autre) + Huile d'olive + Sel, poivre

❒ Préchauffez le four à 220 °C (th. 8). Faites cuire les blancs de poulet à la poêle avec un filet d'huile, 5 à 8 minutes de chaque côté. Faites cuire les fèves 5 minutes dans une autre poêle avec un filet d'huile d'olive.

❒ Mélangez les fèves dans un saladier avec le fenouil coupé en fines tranches, l'échalote hachée, l'estragon ciselé et le vinaigre. Ajoutez le poulet coupé en fines lamelles et le citron, assaisonnez.

❒ Pelez le concombre et préparez des rubans en le passant à l'économe.

❒ Toastez les tranches de pain. Répartissez le mélange fèves/fenouil sur le pain et garnissez de rubans de concombre et de zestes de citron.

RÖSTI DE PATATE DOUCE

POUR 4 PERSONNES • PRÉPARATION : 20 MIN • CUISSON : 20 MIN

600 g de patates douces (2 grosses environ) + 25 g de yaourt de soja + 2 ciboules
2 cuil. à soupe d'huile de pépins de raisin + 2 cuil. à soupe d'huile d'olive + ½ cuil. à café de coriandre moulue + ½ cuil. à café de paprika fumé + 1 cuil. à café de sel
½ cuil. à café de poivre

❒ Épluchez et râpez les patates douces. Dans un saladier, mélangez les patates douces râpées, le sel, le poivre, la coriandre moulue et le paprika fumé.

❒ Faites chauffer l'huile de pépins de raisin dans une poêle à fond épais sur feu moyen. Versez-y les patates douces râpées assaisonnées. Tassez bien le tout afin d'obtenir une galette uniforme. Laissez cuire 10 minutes. Retournez le rösti dans une assiette et faites-le glisser dans la poêle. Laissez cuire à nouveau 10 minutes. Le rösti doit être croustillant à l'extérieur et bien moelleux à l'intérieur.

❒ Pendant ce temps, émincez finement les ciboules. Dans un bol, mélangez le yaourt de soja et l'huile d'olive. Servez le rösti avec la sauce au yaourt et parsemé de ciboule.

SANDWICH POULET, PURÉE AVOCAT-HARICOTS

POUR 1 PERSONNE • PRÉPARATION : 10 MIN • CUISSON : 10 MIN

2 tranches de pain de mie complet + 100 g de blanc de poulet (ou de poulet cuit)
¼ d'avocat + 1 cuil. à soupe de haricots blancs cuits + 5 feuilles de salade + ¼ de concombre
Quelques gouttes de jus de citron + Sel, poivre

- Faites cuire le blanc de poulet dans une poêle bien chaude sans ajout de matière grasse 5 minutes de chaque côté, salez et poivrez. Coupez-le en fines tranches.
- Toastez le pain. Écrasez les haricots blancs et l'avocat avec une fourchette, salez et poivrez, ajoutez quelques gouttes de jus de citron.
- Lavez les feuilles de salade et séchez-les. Lavez le concombre et coupez-le en fines tranches.
- Étalez la purée avocat-haricots blancs sur les tranches de pain, ajoutez la salade, les tranches de concombre et le poulet. Refermez le sandwich et coupez-le en deux.

SALADE DE BETTERAVE À LA ROSE ET BLINIS

POUR 4 PERSONNES • PRÉPARATION : 35 MIN • CUISSON : 40 MIN

REPOS : 2-3 H • MARINADE : 15-20 MIN

Pour 20 blinis : 150 g de farine de blé + 150 g de farine de sarrasin + 3 œufs + 20 g de levure de boulanger + 500 ml de lait + 1 pincée de sel + 1 cuil. à soupe de crème fraîche

Pour la salade : 4 betteraves (couleurs mixtes) + 1 petit oignon rouge + 60 ml de vinaigre de vin rouge + 100 g de yaourt + Quelques boutons de rose + Quelques graines germées Quelques brins d'aneth + Sumac + Zaatar + Huile d'olive + Sel, poivre

❒ Préparez les blinis. Mélangez les deux farines, le sel, 3 jaunes d'œufs et la levure délayée dans ½ verre de lait tiède. Remuez en ajoutant peu à peu le lait (ne mettez pas obligatoirement tout) jusqu'à l'obtention d'une pâte à crêpes épaisse. Laissez reposer 2 à 3 heures à température ambiante pour que la pâte gonfle.

❒ Lors de la préparation des blinis, battez les blancs d'œufs en neige et ajoutez-les à la pâte, puis incorporez-y la crème.

❒ Faites cuire la pâte par petites louches dans une poêle, en laissant dorer comme des crêpes.

❒ Préparez la salade. Déposez les betteraves dans un grand volume d'eau bouillante, faites-les cuire 25 minutes ou jusqu'à ce que la chair soit tendre sous la lame d'un couteau.

❒ Émincez l'oignon et déposez-le dans un petit bol, versez le vinaigre et laissez mariner 15 à 20 minutes.

❒ Laissez refroidir les betteraves et retirez la peau avec un papier absorbant. Coupez-les en quartiers.

❒ Servez les betteraves sur un lit de yaourt, avec l'oignon vinaigré et égoutté. Garnissez de boutons de rose, de graines germées et d'aneth. Parsemez de sumac et de zaatar, assaisonnez et arrosez avec un filet d'huile d'olive. Servez la salade accompagnée des blinis.

SALADE ÉPINARDS, RIZ ROUGE, GRENADE

POUR 4 PERSONNES • PRÉPARATION : 10 MIN • CUISSON : 40 MIN

6 poignées d'épinards + 400 g de riz rouge + 1 grenade + 1 oignon nouveau + Sel, poivre

❒ Rincez le riz. Portez de l'eau salée à ébullition et faites cuire le riz pendant 40 minutes. Rincez-le à l'eau froide.

❒ Émincez les tiges de l'oignon nouveau.

❒ Ouvrez la grenade et égrenez-la.

❒ Servez le riz avec des graines de grenade, des feuilles d'épinard et l'oignon nouveau émincé. Salez et poivrez.

ROULEAUX DE PRINTEMPS AUX LÉGUMES

POUR 6 PERSONNES • PRÉPARATION : 20 MIN

2 carottes + ½ concombre + ¼ de chou rouge + 3 poignées de salade + 3 cuil. à soupe de St Môret® 0 % de MG + 60 g de nouilles de riz + 20 feuilles de menthe 12 feuilles de riz + Sauce nuoc-mâm + Vinaigre de riz

❒ Faites tremper les nouilles de riz pendant 4 minutes dans de l'eau chaude, puis égouttez-les. Pelez et râpez les carottes. Pelez le concombre et coupez-le en bâtonnets. Émincez le chou rouge.

❒ Remplissez une assiette creuse d'eau chaude. Immergez une feuille de riz quelques secondes jusqu'à ce qu'elle ramollisse complètement, puis posez-la sur un torchon humide.

❒ Disposez un peu de carotte et de chou rouge sur la feuille. Ajoutez un bâtonnet de concombre et des nouilles de riz. Disposez des morceaux de St Môret®, puis ajoutez des feuilles de menthe et de salade. Rabattez les côtés et roulez. Renouvelez l'opération pour chaque rouleau. Mélangez, à parts égales, de l'eau, de la

sauce nuoc-mâm et du vinaigre de riz dans des coupelles.

BUDDHA BOWL

POUR 2 PERSONNES • PRÉPARATION : 20 MIN • CUISSON : 10 MIN

125 g de boulgour de blé (ou d'une autre variété de céréales) + 125 g de pois chiches déjà cuits (ou en conserve) + 125 g de yaourt grec + ¼ d'oignon rouge + ½ grenade + 1 petite betterave cuite + 2 poignées de feuilles d'épinard + 12 cerneaux de noix de Grenoble
2 dattes + 1 pincée de feuilles de menthe séchée + 1 cuil. à soupe d'huile d'olive + Sel, poivre
Pour la vinaigrette : 3 cuil. à soupe d'huile de colza + 1 cuil. à soupe de vinaigre de vin
1 cuil. à soupe de mélasse de grenade

❒ Dans une casserole, portez 20 cl d'eau à ébullition avec l'huile et 2 pincées de sel. Versez le boulgour en pluie, couvrez et laissez gonfler hors du feu. Égrenez le boulgour avec une fourchette.

❒ Rincez et égouttez les pois chiches. Pelez et tranchez finement l'oignon. Égrenez la grenade. Dénoyautez les dattes et coupez-les en petits morceaux. Concassez grossièrement les noix.

❒ Préparez la vinaigrette en mélangeant tous les ingrédients. Mélangez le yaourt grec avec la menthe séchée, du sel et du poivre.

❒ Pelez et coupez la betterave en petits dés. Détachez les tiges des feuilles des épinards, lavez les feuilles soigneusement et taillez-les en fines lanières. Dans un saladier, mélangez la betterave avec un tiers de vinaigrette. Procédez de même avec les lanières d'épinards dans un autre saladier.

❒ Dans 2 grands bols, répartissez le boulgour, les dés de betterave et les lanières d'épinards, l'oignon émincé, les pois chiches et la grenade. Ajoutez la sauce au yaourt et le restant de vinaigrette, puis décorez avec les noix concassées et les petits morceaux de datte.

TOASTS DE POIS CHICHES ET TARTINADES

POUR 3 PERSONNES • PRÉPARATION : 15 MIN • CUISSON : 40 MIN
RÉFRIGÉRATION : 1 H

Pour les toasts : 150 g de farine de pois chiches + 1 cuil. à café de sel
1 cuil. à soupe d'huile d'olive
Pour la poivronade au tofu et au curry : 1 poivron rouge + 1 gousse d'ail pelée
60 g de tofu ferme nature + 1 belle cuil. à soupe d'huile d'olive + 1 cuil. à café de curry
1 pincée de sel
Pour le caviar d'aubergine : 1 aubergine + 1 gousse d'ail pelée
1 belle cuil. à soupe d'huile d'olive + 1 cuil. à soupe de vinaigre balsamique + 1 pincée de sel

❒ Préparez les toasts : dans une casserole, mélangez vivement au fouet la farine de pois chiches avec le sel, 600 ml d'eau et l'huile d'olive. Portez la préparation à ébullition sur feu doux à moyen, sans cesser de mélanger : elle va s'épaissir. Versez la pâte obtenue dans un moule carré de 22 cm, recouvert de papier cuisson. Laissez refroidir, puis placez pour 1 heure au réfrigérateur.

❒ Transférez la pâte sur une planche et détaillez-la en rectangles. Faites cuire au four préalablement préchauffé à 200 °C (th. 6-7) pendant 20 minutes, en les retournant à mi-cuisson.

❒ Préparez les poivronades : déposez les légumes sur une plaque recouverte de papier cuisson et enfournez à 200 °C (th. 6-7) pour 20 minutes, en les retournant. Déposez-les dans un sachet et attendez qu'ils refroidissent.

❒ Ôtez-leur la peau, le pédoncule et les graines, et placez-les tour à tour dans le bol du robot avec le reste des ingrédients. Mixez jusqu'à l'obtention d'une préparation homogène. Réservez au frais avant de déguster avec les toasts. Suivez la même méthode pour le caviar d'aubergine. Accompagnez ces toasts et ces tartinades de verdure.

TACOS PATATE DOUCE, KALE ET AVOCAT

POUR 4 PERSONNES • PRÉPARATION : 10 MIN • CUISSON : 15-20 MIN

Pour la garniture : 1 petite patate douce + 200 g de chou kale (ou d'épinards) 1 gousse d'ail + Le jus de 1 citron vert + 1 avocat + Yaourt nature Quelques pousses de petits pois (facultatif) + Huile d'olive + Sel, poivre
Pour servir : 8 tortillas de maïs

❒ Râpez la patate douce et l'ail. Lavez le chou kale et retirez-en les grosses côtes.

❒ Chauffez un filet d'huile d'olive dans une poêle, puis ajoutez la patate douce et l'ail et faites cuire en remuant souvent jusqu'à ce que la patate douce soit tendre et dorée, 8 à 10 minutes.

❒ Ajoutez le chou kale et poursuivez la cuisson 5 à 8 minutes.

❒ Ajoutez le jus de citron vert et assaisonnez.

❒ Servez sur les tortillas chaudes. Garnissez de lamelles d'avocat, de yaourt et de pousses de petits pois, salez et poivrez.

TACOS COURGETTE, YAOURT, CORIANDRE

POUR 4 PERSONNES • PRÉPARATION : 15 MIN • CUISSON : 5 MIN

4 tortillas + 2 courgettes + 200 g de yaourt à 20 % de MG + 1 bouquet de coriandre
4 cuil. à café d'huile d'olive + 1 cuil. à café de cumin + 1 cuil. à café de paprika
1 gousse d'ail épluchée et hachée + Sel, poivre

❒ Lavez les courgettes et réalisez des tagliatelles à l'aide d'un économe. Faites-les revenir à la poêle avec quelques gouttes d'huile d'olive et l'ail haché.

❒ Lavez et ciselez finement la coriandre.

❒ Dans un petit récipient, mettez le yaourt et ajoutez les épices, salez et poivrez.

❒ Dans chaque tortilla, déposez le yaourt épicé et les tagliatelles de courgette, puis parsemez de coriandre ciselée.

TACOS CRUS, SALSA AUX POIVRONS ET CRUMBLE DE NOIX DE CAJOU

POUR 4 PERSONNES • PRÉPARATION : 20 MIN • REPOS : 10 MIN

Pour la garniture : 170 g de tomates cerises + ½ grenade + ½ poivron rouge + ½ poivron orange ou jaune + ½ oignon rouge + 1 petite gousse d'ail hachée + Le jus de ½ citron vert 80 g de yaourt nature + Quelques feuilles de coriandre + Huile d'olive + Sel, poivre
Pour le crumble : 150 g de noix de cajou (torréfiées de préférence) + 1 cuil. à soupe de sauce tamari (ou de sauce soja) + 1 pincée de piment d'Espelette (ou de Cayenne) + 1 cuil. à café de cumin moulu + 1 cuil. à café de sucre brun + 1 cuil. à café d'huile d'olive + Sel, poivre
Pour servir : 8 grandes feuilles de laitue

❒ Mettez tous les ingrédients du crumble dans un blender et mixez pour bien mélanger (gardez de la texture), goûtez et assaisonnez.

❒ Préparez la salsa. Émulsionnez dans un saladier l'ail, le jus de citron vert et un généreux filet d'huile d'olive, salez et poivrez.

❒ Coupez les poivrons, les tomates cerises et l'oignon en petits morceaux, transférez-les dans le saladier et mélangez.

❒ Laissez reposer pendant 10 minutes.

❒ Lavez et séchez les feuilles de laitue. Égrenez la grenade.

❒ Servez la salsa aux poivrons dans les feuilles de laitue, parsemez de crumble, de graines de grenade, d'un peu de yaourt et de feuilles de coriandre, salez, poivrez, puis dégustez.

WRAPS AUX CRUDITÉS ET FALAFELS

POUR 3 PERSONNES • PRÉPARATION : 20 MIN • REPOS : 10 MIN

CUISSON : 8-10 MIN

Pour les wraps : 200 g de farine de blé T80 + 2 cuil. à soupe d'huile d'olive + 1 pincée de sel
Pour les crudités : 30 g de mâche + 120 g de carotte + 150 g de chou blanc
Pour les falafels : 230 g de pois chiches cuits + 2 gousses d'ail + 1 petit bouquet de coriandre ou de persil lavé + 1 cuil. à soupe de farine de blé T80 + 1 cuil. à café de cumin moulu + 2 cuil. à soupe d'huile d'olive
Pour la sauce : 100 g de yaourt de soja + 1 cuil. à soupe de purée de cacahuètes 1 cuil. à soupe de sauce soja ou de tamari

❒ Préparez les wraps : mélangez les ingrédients dans un saladier avec 100 ml d'eau tiède et formez une boule à la main. Laissez reposer 10 minutes environ. Divisez la pâte en 6 pâtons et déposez-les entre 2 feuilles de papier cuisson. Étalez-les au rouleau jusqu'à obtenir un disque fin de 18 cm de diamètre environ. Faites cuire les wraps 1 à 2 minutes à feu moyen, dans une poêle antiadhésive, sans matière grasse.

❒ Préparez les crudités : lavez la mâche, la carotte et le chou blanc. Râpez la carotte et hachez le chou finement. Répartissez les crudités sur les wraps.

❒ Préparez les falafels : mixez au robot les pois chiches, l'ail préalablement pelé et haché, la coriandre ou le persil, la farine et le cumin de façon à obtenir une préparation homogène. Formez des boulettes avec vos mains et faites-les cuire dans l'huile d'olive, à feu moyen, 3 minutes environ de chaque côté. Déposez-les sur une feuille de papier essuie-tout avant de les répartir sur les crudités.

❒ Préparez la sauce : mélangez tous les ingrédients dans un bol, à la fourchette. Arrosez les wraps de sauce avant de les fermer et de les savourer.

CHOU-FLEUR FAÇON THAÏE

POUR 4-6 PERSONNES • PRÉPARATION : 30 MIN • CUISSON : 7 MIN

1 chou-fleur + 1 mangue + 1 poivron rouge + 130 g de chou rouge + 150 ml de lait de coco
2 oignons verts + 1 petit oignon jaune + 2 gousses d'ail + 1 petit bouquet de persil frais
10 g d'amandes torréfiées + 1 cuil. à soupe d'huile de coco
Pour la sauce : 2 cuil. à soupe de beurre d'arachide + 15 g de gingembre frais, râpé
Le jus de 2 citrons + 1 cuil. à soupe de miel + 1 pincée de sel

❒ Retirez les feuilles du chou-fleur, coupez les bouquets, rincez et égouttez. Placez les bouquets dans le bol d'un robot et mixez.

❒ Faites fondre l'huile de coco dans une grande poêle, ajoutez l'oignon haché et les gousses d'ail émincées, faites cuire 2 minutes. Déposez le chou-fleur et le lait de coco dans la poêle, mélangez bien et poursuivez la cuisson 5 minutes à feu doux. Laissez refroidir.

❒ Pelez la mangue et coupez-la en cubes ainsi que le poivron. Émincez le chou, hachez grossièrement les oignons verts et ciselez le persil. Hachez grossièrement les amandes.

❒ Dans un saladier, mélangez le chou-fleur, la mangue, le poivron, le chou rouge, les oignons verts et le persil.

❒ Mélangez les ingrédients de la sauce (beurre d'arachide, gingembre, jus de citron, miel et sel) dans un blender avec 60 ml d'eau afin d'obtenir un liquide lisse et crémeux.

❒ Versez la sauce sur la salade, mélangez, goûtez et rectifiez l'assaisonnement si nécessaire. Parsemez de persil et d'amandes, puis servez aussitôt.

RIZ NOIR, COURGE ET PESTO DE CORIANDRE

POUR 4 PERSONNES • PRÉPARATION : 15 MIN • CUISSON :40 MIN

300 g de riz noir + 1 petite courge kabocha + 30 g de coriandre + quelques feuilles pour la garniture + 140 g de noix du Brésil torréfiées + 1 gousse d'ail + 9 cl d'huile d'olive 3 cuil. à soupe de vinaigre de riz + 3 cuil. à soupe d'huile de courge Le zeste et le jus de 1 citron vert + Sel, poivre

❒ Préchauffez le four à 180 °C (th. 6). Faites cuire le riz noir en suivant les instructions sur l'emballage. Pelez et coupez la courge en dés. Transférez dans un plat allant au four, ajoutez l'huile d'olive et assaisonnez. Faites rôtir pendant 40 minutes, jusqu'à ce que la courge soit tendre. Égouttez-la en conservant l'huile dans un bol.

❒ Mélangez dans un autre bol le vinaigre, le jus de citron vert et 3 cuillerées à soupe de l'huile de la courge. Salez, poivrez.

❒ Déposez dans le bol d'un robot les noix du Brésil, la gousse d'ail, les zestes de citron vert, la coriandre et le reste de l'huile de la courge. Mixez jusqu'à l'obtention d'une pâte homogène.

❒ Mélangez dans un plat le riz noir, la vinaigrette, la courge et quelques feuilles de coriandre, assaisonnez. Ajoutez le pesto et servez aussitôt.

POÊLÉE DE CHOU KALE AU GINGEMBRE, ŒUFS ET FETA

POUR 4 PERSONNES • PRÉPARATION : 10 MIN • CUISSON : 10 MIN

150 g de chou kale + 2 cm de gingembre + 4 œufs + 150 g de feta + 12 cl de bouillon de légumes en cube (ou eau) + 150 g de tomates cerises + 2 gousses d'ail + 1 échalote 2 cuil. à soupe d'huile d'olive + 1 pincée de piment d'Espelette + Le jus de ½ citron + Sel

❒ Rincez et découpez grossièrement le chou kale. Pelez et émincez l'ail et l'échalote, pelez et râpez le gingembre. Faites fondre l'huile dans une poêle en fonte et ajoutez l'ail, l'échalote et le gingembre avec le piment d'Espelette.

❒ Laissez mijoter à feu doux pendant 3 minutes puis ajoutez le chou kale et le jus du citron, salez. Versez le bouillon. Faites un peu de place pour les œufs au milieu de la poêle et ajoutez-les.

❒ Parsemez de feta émiettée et garnissez de tomates cerises coupées en deux. Servez à même la poêle.

PIZZA À LA FARINE DE POIS CHICHES, SALSA VERDE

POUR 2-4 PERSONNES • PRÉPARATION : 15 MIN • REPOS : 10 MIN
CUISSON : 5-10 MIN

130 g de farine de pois chiches + un peu pour le plan de travail + 1 cuil. à soupe de lait d'amande + Quelques graines germées + 1 cuil. à soupe de sel + 2 cuil. à soupe d'huile d'olive + ½ cuil. à soupe de poivre

Pour la salsa verde : 2 grosses tomates vertes + 1 poignée de roquette + ½ piment vert
1 gousse d'ail + 1 petit bouquet de coriandre ciselée + ¼ d'oignon haché
60 ml d'huile d'olive + Sel, poivre

❒ Préchauffez le four à 200 °C (th. 6-7). Dans un saladier, fouettez ensemble la farine de pois chiches, le sel et le poivre. Arrosez d'huile d'olive et de lait d'amande. Ajoutez 2 cuillerées à soupe d'eau et pétrissez jusqu'à ce que vous ayez une pâte lisse et uniforme. Laissez la pâte reposer le temps de préparer la salsa verde.

❒ Coupez les tomates vertes en quartiers. Mélangez-les avec la roquette, le piment, l'ail écrasé, la coriandre, l'oignon et l'huile d'olive dans un petit bol. Assaisonnez avec du sel et du poivre.

❒ Farinez un plan de travail. Avec un rouleau à pâtisserie, étalez la pâte en forme circulaire.

❒ Transférez-la sur une plaque recouverte de papier cuisson et enfournez-la pour 5 à 10 minutes.

❒ Étalez la salsa verde sur la pâte, parsemez de graines germées, puis découpez la pizza en parts et servez aussitôt.

BOL MACROBIOTIQUE

POUR 4 PERSONNES • PRÉPARATION : 20 MIN • CUISSON : 20 MIN
MARINADE : 15 MIN

1 petite courge butternut + 200 g de quinoa + 1 gousse d'ail + 1 oignon rouge
60 ml de vinaigre de vin rouge + Huile d'olive + Sel, poivre
Pour la sauce tahin-miso : 2 cuil. à soupe de pâte miso + 1 cuil. à soupe de tahin
20 g de graines de courge + 1 poignée d'épinards + Le jus de ½ citron + 1 gousse d'ail
Quelques brins de persil + 2 cuil. à soupe d'huile d'olive + Sel, poivre
Pour servir : 4 feuilles de chou kale + 1 feuille d'algue nori + Quelques pistaches
Quelques graines germées + Sumac

❒ Faites cuire le quinoa selon les indications portées sur l'emballage.

❒ Versez un généreux filet d'huile d'olive et l'ail écrasé dans une cocotte. Ajoutez la courge coupée en dés et 60 ml d'eau. Portez à ébullition, couvrez et faites cuire à feu doux 20 minutes environ. Retirez le couvercle et lorsque la courge est tendre, réduisez-la en purée à l'aide d'un mixeur plongeant, puis assaisonnez.

❒ Coupez l'oignon en rondelles très fines et déposez-le dans un petit bol avec le vinaigre, laissez mariner 15 minutes environ et retirez.

❒ Dans un blender, mixez ensemble tous les ingrédients pour la sauce.

❒ Servez chaque bol avec du quinoa, la purée de butternut, quelques morceaux de chou kale (sans les nervures) et des morceaux d'algue nori. Arrosez de sauce et parsemez d'oignon vinaigré, de pistaches, de graines germées et de sumac.

AUBERGINES FARCIES

POUR 4 PERSONNES • PRÉPARATION : 30 MIN • CUISSON : 50 MIN

4 aubergines + 2 tomates moyennes + 200 g de boulgour + 1 l de bouillon de légumes
½ oignon rouge + 4 cuil. à soupe d'huile d'olive + 2 cuil. à soupe de feuilles de persil
1 cuil. à café de gingembre moulu + 1 cuil. à café de cumin en poudre
1 cuil. à café de coriandre moulue + 1 cuil. à café de sel + ½ cuil. à café de poivre

❒ Préchauffez le four à 180 °C (th. 6).

❒ Chauffez le bouillon de légumes dans une casserole et faites-y cuire le boulgour 15 minutes environ après ébullition. Le boulgour est cuit lorsqu'il est fondant sous la langue. Épluchez et émincez finement l'oignon.

❒ Coupez les aubergines en deux dans le sens de la longueur. Placez-les sur une plaque recouverte de papier cuisson et badigeonnez-les d'huile d'olive à l'aide d'un pinceau. Mettez-les au four pour 20 minutes environ, jusqu'à ce qu'elles soient bien tendres.

❒ Pendant ce temps, dans une poêle, chauffez 1 cuillerée à soupe d'huile d'olive et faites-y revenir l'oignon émincé pendant 5 minutes. Émincez les tomates en petits dés.

❒ Dans un saladier, mélangez le boulgour, l'oignon rissolé, les dés de tomate, le gingembre, le cumin, la coriandre, les feuilles de persil hachées, 1 cuillerée à soupe d'huile d'olive, le sel et le poivre.

❒ Remplissez les aubergines avec la farce de boulgour. Versez un filet d'huile d'olive dessus, puis enfournez et laissez cuire de nouveau 30 minutes. Servez les aubergines farcies tièdes avec une salade croquante.

SOBA AUX ALGUES ET FENOUIL BRAISÉ

POUR 4 PERSONNES • PRÉPARATION : 10 MIN • CUISSON : 30 MIN

300 g de nouilles soba au sarrasin + 4 cuil. à soupe de tartare d'algues + 2 fenouils
½ citron jaune + 1 cuil. à soupe d'huile neutre + Sel

- ❒ Détaillez les fenouils en tranches d'épaisseur de 1 cm. Chauffez une large poêle huilée sur feu moyen et faites-y cuire les tranches 10 minutes de chaque côté. Assaisonnez avec ¼ cuillerée à café de sel.
- ❒ Pendant ce temps, faites chauffer une grande casserole d'eau salée sur feu vif. Lorsque l'eau bout, versez-y les nouilles soba et laissez-les cuire le temps indiqué sur le paquet.
- ❒ Égouttez les nouilles soba et incorporez-y le tartare d'algues.
- ❒ Répartissez les nouilles et les tranches de fenouil entre 4 assiettes. Pressez le citron et versez le jus sur chaque assiette. Servez chaud ou froid.

TAJINE DE PATATE DOUCE, BLETTES ET POIS CHICHES

POUR 4 PERSONNES • PRÉPARATION : 20 MIN • CUISSON : 30 MIN

1 grosse patate douce + 6 feuilles de blettes + 1 boîte de 400 g de pois chiches
400 g de pulpe de tomate + 2 poireaux + 1 cuil. à soupe d'huile d'olive
1 cuil. à soupe de thym + 1 cuil. à soupe de ras el-hanout + Sel, poivre

- ❒ Émincez le blanc des poireaux finement. Retirez les côtes des feuilles de blettes. Coupez les feuilles grossièrement et réservez les cardes pour un autre plat. Épluchez et coupez en dés la patate douce.
- ❒ Mettez l'huile d'olive à chauffer dans une sauteuse sur feu moyen. Faites-y revenir les poireaux émincés, le ras el-hanout et le thym pendant 5 minutes.
- ❒ Ajoutez les feuilles de blettes, les dés de patate douce, les pois chiches égouttés, la pulpe de tomate, le sel, le poivre et 25 cl d'eau.
- ❒ Laissez mijoter à couvert pendant 25 minutes.
- ❒ Servez bien chaud.

TOFU RÔTI, ASPERGES ET COURGETTES, SAUCE MIEL ET CITRON VERT

POUR 4 PERSONNES • PRÉPARATION : 20 MIN • MARINADE : 1 H
CUISSON : 30 MIN

250 g de tofu ferme + 20 asperges vertes + 4 courgettes moyennes
1 cuil. à soupe de miel + 5 cl de jus de citron vert (3 citrons verts environ) + 2 gousses d'ail
2 cuil. à soupe de coriandre hachée + 2 cuil. à soupe d'huile d'olive + 1 cuil. à café de sel

❐ Pelez et émincez finement les gousses d'ail. Épongez les blocs de tofu et coupez-les en deux dans l'épaisseur afin d'obtenir 4 morceaux. Dans un plat profond, mélangez le jus de citron vert, le miel, le sel et l'ail. Placez-y les morceaux de tofu et laissez mariner 1 heure.

❐ Préchauffez le four à 200 °C (th. 6-7).

❐ Coupez les courgettes en rubans à l'aide d'une mandoline. Retirez l'extrémité dure des asperges.

❐ Placez sur une plaque à pâtisserie les rubans de courgette, les asperges et les morceaux de tofu. Arrosez le tout d'huile d'olive et de la marinade. Enfournez et laissez cuire pendant 30 minutes jusqu'à ce que les légumes et le tofu soient rôtis.

❐ Parsemez de coriandre et servez immédiatement avec du riz blanc.

RISOTTO D'AVOINE AU CHOU-FLEUR

POUR 4 PERSONNES • PRÉPARATION : 20 MIN • TREMPAGE : 1 NUIT
CUISSON : 50 MIN

300 g de gruau d'avoine + 500 g de fleurettes de chou-fleur + 3 échalotes
50 g de parmesan râpé + 13 cl de bouillon de légumes + 3 cuil. à soupe d'huile d'olive
Quelques branches de persil haché + ½ cuil. à café de sel + ¼ cuil. à café de poivre

❒ La veille au soir, recouvrez le gruau d'eau. Laissez tremper jusqu'au lendemain.

❒ Le lendemain, épluchez les échalotes, émincez-les finement et faites-les revenir dans une grande poêle avec 2 cuillerées à soupe d'huile d'olive, pendant 10 minutes, jusqu'à ce qu'elles soient légèrement colorées. Égouttez le gruau d'avoine, puis ajoutez-le aux échalotes.

❒ Mouillez avec le bouillon, mélangez et laissez cuire 45 à 50 minutes à feu moyen à partir de la reprise de l'ébullition. Inutile de mélanger sans cesse comme pour un risotto de riz.

❒ Pendant ce temps, faites cuire les fleurettes de chou-fleur 15 minutes à l'eau bouillante salée. Incorporez-les au gruau en fin de cuisson avec le parmesan et le poivre.

❒ Servez bien chaud avec un filet d'huile d'olive et du persil haché.

POIS GOURMANDS, BROCOLI SAUCE AIGRE-DOUCE ET RIZ ROUGE

POUR 4 PERSONNES • PRÉPARATION : 10 MIN • CUISSON : 20 MIN

200 g de pois gourmands + 1 brocoli + 400 g de riz rouge cuit + 2 échalotes
4 cuil. à soupe de sauce soja + 2 cuil. à café de vinaigre de cidre + 2 cuil. à soupe d'huile
1 cuil. à soupe de sucre de canne

❒ Faites cuire 15 minutes à la vapeur le brocoli détaillé en fleurettes et les pois gourmands. Pelez et émincez les échalotes.

❒ Chauffez l'huile dans une poêle et faites-y revenir les échalotes. Ajoutez la sauce soja, le vinaigre de cidre et le sucre de canne. Laissez réduire 2 minutes. Ajoutez le brocoli et les pois gourmands et enrobez-les bien de sauce.

❒ Servez immédiatement les légumes avec le riz rouge bien chaud.

SPAGHETTIS DE LÉGUMES

POUR 4 PERSONNES • PRÉPARATION : 10 MIN • CUISSON : 4 MIN

6 carottes + 2 courgettes + 100 g de champignons de Paris + 100 g de feta
3 branches de cive + ½ botte de coriandre + 1 filet d'huile d'olive + Sel, poivre

❒ Épluchez les carottes. Taillez les carottes et les courgettes avec une mandoline munie de l'accessoire à julienne ou avec un épluche-légumes à julienne.

❒ Éliminez la partie terreuse des champignons et émincez-les. Ciselez la cive.

❒ Faites revenir les carottes, les courgettes, la cive et les champignons à la poêle pendant 4 minutes avec l'huile d'olive, du sel et du poivre.

❒ Effritez la feta dans la poêle et parsemez de coriandre fraîchement ciselée.

RUBANS DE COURGETTE MARINÉS, CROÛTONS AUX PISTACHES

POUR 4 PERSONNES • PRÉPARATION : 20 MIN • RÉFRIGÉRATION : 1-2 H

4 courgettes + 50 g de feta + 30 g de beurre + 1 gousse d'ail
2 petites tranches de pain rassis + 35 g de pistaches
Pour la sauce : 6 cl d'huile d'olive + 5,5 cl de vinaigre de vin rouge + Le jus de ½ citron
2 cuil. à soupe de miel + 2 gousses d'ail + 10 g de basilic + 1 pincée d'origan + Sel, poivre

❒ Préparez la sauce. Dégermez et hachez finement les gousses d'ail. Dans un bol, mélangez le vinaigre, le jus de citron, le miel, l'ail, le basilic et l'origan. Salez, poivrez. Versez l'huile d'olive tout en continuant à remuer.

❒ Réalisez, à l'aide d'un économe, des rubans de courgette, transférez-les dans un bol et versez la moitié de la sauce dessus. Ajoutez la feta émiettée et mélangez. Réservez au frais de 1 à 2 heures.

❒ Pendant ce temps, faites fondre le beurre dans une petite poêle, retirez de la flamme, mélangez et laissez reposer 1 minute. Ajoutez la gousse d'ail, dégermée et hachée, le pain rassis émietté et les pistaches grossièrement hachées, mélangez bien et salez.

❒ Servez les courgettes avec le restant de sauce et les croûtons.

NOUILLES THAÏES

POUR 4 PERSONNES • PRÉPARATION : 5 MIN • CUISSON : 7 MIN

300 g de nouilles de blé instantanées + 2 carottes + 200 g de haricots plats
200 g de tofu + ⅓ de botte de basilic + 3 branches de cive + 4 cuil. à soupe de sauce soja
1 filet d'huile d'olive + Sel, poivre

❐ Épluchez et hachez les carottes. Coupez le tofu en morceaux. Équeutez les haricots.

❐ Faites revenir les carottes, les haricots et le tofu à la poêle avec l'huile d'olive pendant 3 minutes.

❐ Ciselez le basilic et émincez la cive.

❐ Versez dans la poêle 50 cl d'eau, les nouilles, la sauce soja. Assaisonez et faites mijoter 4 minutes.

❐ Parsemez de basilic et de cive au moment de servir.

SALADE DE PASTÈQUE ET MOZZARELLA AUX NOIX

POUR 2-4 PERSONNES • PRÉPARATION : 10 MIN

1 tranche de pastèque + 1 boule de mozzarella + 1 cuil. à soupe de noix
1 cuil. à soupe d'amandes + Quelques feuilles de menthe + Quelques feuilles de basilic
1 filet d'huile d'olive + Sel

❐ Coupez la pastèque entière en rondelles de 1 à 2 cm d'épaisseur puis retirez la peau.

❐ Faites des rondelles de mozzarella et ciselez la menthe et le basilic. Hachez grossièrement les amandes et les noix.

❐ Disposez les rondelles de mozzarella sur la pastèque, parsemez de menthe, de basilic, de noix et d'amandes. Arrosez d'huile d'olive et salez.

SALADE DE BLÉ AUX BETTERAVES, POMMES ET NOIX DE PÉCAN

POUR 4-6 PERSONNES • PRÉPARATION : 10 MIN • CUISSON : 25 MIN

400 g de grains de blé + 2 betteraves précuites + 2 pommes + 2 gousses d'ail hachées
4 échalotes hachées + 100 ml de vinaigre de vin rouge + 50 ml d'huile d'olive
1 cuil. à soupe de miel + 2 brins d'estragon ciselés + 50 g de noix de pécan torréfiées
Sel, poivre

❒ Préchauffez le four à 220 °C (th. 8). Faites cuire les grains de blé dans un grand volume d'eau bouillante en suivant les indications portées sur l'emballage.

❒ Émulsionnez le vinaigre avec l'huile d'olive et le miel. Ajoutez l'ail, les échalotes et l'estragon, assaisonnez.

❒ Versez, dans un grand saladier, les grains de blé, les betteraves et les pommes pelées et coupées en dés, puis ajoutez les noix de pécan. Arrosez de vinaigrette et mélangez bien.

SALADE DE CHOU ROUGE ET BLANC, RAISIN, ORGE PERLÉ ET NOIX

POUR 3-4 PERSONNES • PRÉPARATION : 10 MIN • CUISSON : 30 MIN

80 g d'orge perlé + 150 g de chou rouge + 150 g de chou blanc + 150 g de raisin au choix
50 g de noix de Grenoble + 120 g de crème de soja, d'amande ou d'avoine + 1 cuil. à soupe de moutarde forte + 1 cuil. à soupe de purée de sésame ½ complet + 1 pincée de sel

❒ Faites cuire l'orge perlé une 30 minutes environ à l'eau bouillante. Égouttez-le, puis passez-le sous l'eau froide avant de l'égoutter de nouveau.

❒ Lavez le chou rouge, le chou blanc et le raisin. Hachez le chou finement et découpez les grains de raisin en deux.

❒ Concassez les noix de Grenoble.

❒ Dans un bol, mélangez à la fourchette la crème, la moutarde, la purée de sésame et le sel.

❒ Mélangez tous les ingrédients dans un saladier avant de servir.

SALADE QUINOA, LENTILLES, ROQUETTE, MANGUE

POUR 4 PERSONNES • PRÉPARATION : 20 MIN • CUISSON : 15 MIN

250 g de quinoa + 250 g de lentilles beluga + 50 g de roquette + 1 mangue + 1 citron
4 cuil. à soupe d'huile de tournesol + 2 cuil. à soupe de feuilles de menthe fraiche + 2 cuil. à soupe d'huile d'olive + 1 cuil. à soupe de pâte de curry + Sel + ¼ cuil. à café de poivre

❒ Faites cuire les lentilles et le quinoa dans une grande casserole d'eau salée. Égouttez, incorporez l'huile d'olive et laissez refroidir. Hachez grossièrement les feuilles de menthe. Pelez la mangue et retirez le noyau. Coupez la chair en tranches. Lavez et essorez les feuilles de roquette. Pressez le citron. Réservez.

❒ Dans un grand bol, mélangez à l'aide d'une fourchette le jus de citron, la pâte de curry, l'huile de tournesol, ½ cuillerée à café de sel et le poivre. Émulsionnez.

❒ Dans un saladier, mélangez le quinoa et les lentilles avec les feuilles de roquette, la menthe hachée, les tranches de mangue et l'assaisonnement au curry. Mélangez.

SALADE CHOU CHINOIS, CAROTTES RÂPÉES, SAUCE SOJA

POUR 4 PERSONNES • PRÉPARATION : 20 MIN

200 g de chou chinois + 300 g de carottes + 6 cuil. à soupe de sauce soja + 1 citron vert
1 poignée de figues sèches + 6 brins de menthe + Sel, poivre

❒ Lavez le chou chinois et émincez-le avec un gros couteau.

❒ Pelez et râpez les carottes.

❒ Coupez les figues en petits morceaux. Prélevez le zeste du citron, puis pressez le fruit. Ciselez la menthe.

❒ Servez le chou avec les carottes. Parsemez de figue, de menthe et de zeste de citron. Assaisonnez avec la sauce soja et le jus de citron. Salez, poivrez.

TABOULÉ DE QUINOA

POUR 4 PERSONNES • PRÉPARATION : 10 MIN • CUISSON : 15 MIN

300 g de quinoa + 1 concombre + 3 poignées de raisins secs + 2 oignons rouges
5 brins de persil plat + Sel

❐ Rincez le quinoa, puis faites-le cuire dans deux fois son volume d'eau bouillante salée pendant 15 minutes, à couvert. Rincez-le à l'eau froide.

❐ Lavez le concombre et coupez-le en petits dés sans le peler.

❐ Épluchez les oignons rouges et coupez-les en morceaux.

❐ Ciselez le persil.

❐ Servez le quinoa avec le concombre, les oignons rouges, les raisins secs, et parsemez de persil.

SALADE DE CHOU À LA JAPONAISE

POUR 4 PERSONNES • PRÉPARATION : 5 MIN

½ chou blanc + 60 g de gingembre frais + 8 cuil. à soupe de sauce soja
2 cuil. à soupe de graines de sésame + 1 citron + ⅓ botte de coriandre
1 filet d'huile d'olive + Poivre

❒ Épluchez et râpez le gingembre et le chou à l'aide d'un robot de cuisine.

❒ Ciselez la coriandre. Râpez et pressez le citron.

❒ Mélangez le chou, la sauce soja, les graines de sésame, le jus et le zeste de citron, le gingembre et la coriandre.

❒ Poivrez et arrosez le tout d'huile d'olive.

PAPILLOTE DE LÉGUMES AU CHOU VERT

POUR 4 PERSONNES • PRÉPARATION : 20 MIN • CUISSON : 30 MIN

8 feuilles de chou vert + 1 courgette + 1 poivron jaune + 100 g de riz blanc
2 pommes golden + 16 brins de ciboulette + 1 yaourt à 0 % de MG + 1 pincée de piment d'Espelette + Sel, poivre

❒ Faites bouillir une casserole d'eau salée et versez-y le riz. Laissez cuire pendant une 10 minutes environ comme indiqué sur le paquet, puis égouttez-le et passez-le sous l'eau froide.

❒ Rincez les feuilles de chou et laissez-les blanchir 2 minutes dans de l'eau bouillante salée. Retirez-les délicatement et passez-les sous l'eau froide pour préserver la couleur.

❒ Pelez les pommes et coupez-les en deux.

❒ Enlevez le cœur avec les pépins, puis râpez la chair. Lavez et râpez la courgette. Lavez et émincez finement le poivron et la ciboulette.

❒ Mélangez la pomme, la courgette et le poivron, ajoutez le riz, le yaourt, le piment d'Espelette et la ciboulette ciselée. Salez et poivrez.

❒ Étalez les feuilles de chou bien à plat sur le plan de travail. Disposez la farce au riz au centre de chaque feuille, puis refermez le chou tout autour de la farce.

❒ Enveloppez chaque chou farci dans du papier cuisson, de façon bien hermétique, et faites-les cuire à la vapeur pendant 20 minutes.

RISOTTO D'ÉPEAUTRE AUX ARTICHAUTS

POUR 8 PERSONNES • PRÉPARATION : 10 MIN • CUISSON : 20 MIN

500 g d'épeautre précuit + 6 fonds d'artichaut frais ou surgelés + 1 l de bouillon de légumes
1 oignon rouge + 3 tomates séchées + 25 cl de crème de soja + Le jus de 1 citron
1 cuil. à soupe d'huile de sésame + 1 pincée de piment d'Espelette + 1 pincée de paprika
1 bouquet de coriandre

❒ Lavez la coriandre et pelez l'oignon.

❒ Émincez l'oignon et la coriandre (gardez-en un peu pour la décoration) et faites-les revenir dans un peu d'huile de sésame. Ajoutez les fonds d'artichaut et les tomates séchées coupées en lamelles. Ajoutez 450 g d'épeautre et faites revenir quelques minutes avec un peu de bouillon. Ajoutez le reste du bouillon et laissez mijoter en remuant de temps en temps pendant 20 minutes.

❒ Lorsque la totalité du bouillon est absorbée, ajoutez la crème et le jus de citron.

❒ Assaisonnez avec le paprika et le piment d'Espelette.

❒ Faites griller dans une poêle à sec l'épeautre restant et parsemez-le sur le risotto. Décorez de quelques feuilles de coriandre.

NOUILLES DE RIZ GREEN

POUR 4 PERSONNES • PRÉPARATION : 15 MIN • CUISSON : 20 MIN

200 g de vermicelles de riz + 400 g de haricots verts frais + 1 poignée de cerneaux de noix
Quelques feuilles de basilic frais + 1 piment oiseau + 2 gousses d'ail + 4 cuil. à soupe de sauce de poisson (nuoc-mâm) + 2 cuil. à soupe d'huile de sésame + Le jus de ½ citron + Sel

❒ Épluchez et hachez l'ail. Lavez et ciselez le basilic. Mettez l'ail dans un saladier avec l'huile de sésame, une partie des feuilles de basilic ciselées et le piment épépiné et haché finement. Mélangez.

❒ Faites cuire les haricots verts pendant 8 minutes dans de l'eau salée, puis égouttez-les et passez-les sous l'eau froide. Coupez-les en morceaux.

❒ Mettez les vermicelles de riz dans un saladier, recouvrez-les d'eau bouillante et laissez-les gonfler pendant 3 minutes. Égouttez-les et passez-les sous l'eau froide. Réservez.

❒ Chauffez dans une poêle la préparation huile de sésame, ail, piment, basilic et faites-y revenir les haricots pendant 5 minutes. Incorporez la sauce de poisson et le jus de citron. Ajoutez les vermicelles de riz dans la poêle, mélangez le tout et laissez sur feu doux le temps que les vermicelles se réchauffent (2 à 3 minutes).

❒ Servez en parsemant du reste de basilic et des noix concassées.

POIVRONS FARCIS AU QUINOA ET AUX COURGETTES

POUR 4 PERSONNES • PRÉPARATION : 20 MIN • CUISSON : 45 MIN

2 poivrons + 200 g de quinoa + 2 courgettes + 1 oignon + 1 gousse d'ail
1 bouquet de persil + 1 pincée de paprika + 1 filet d'huile d'olive + Sel, poivre

❒ Préchauffez le four à 180 °C (th. 6).

❒ Rincez le quinoa et faites-le cuire dans une casserole d'eau bouillante salée pendant 15 minutes, puis égouttez-le.

❒ Lavez les poivrons, coupez-les en deux et videz-les. Lavez les courgettes et coupez-les en dés. Pelez et hachez finement l'ail et l'oignon. Lavez et ciselez le persil.

❒ Mélangez le quinoa avec les courgettes, l'ail, l'oignon, le persil et les épices. Assaisonnez.

❒ Remplissez les poivrons avec cette farce, versez l'huile d'olive et enfournez pour 30 minutes.

WOK DE PORC SAUTÉ AUX POIS GOURMANDS ET JEUNES NAVETS

POUR 4 PERSONNES • PRÉPARATION : 15 MIN • CUISSON : 12 MIN
MARINADE : 10 MIN

500 g de porc dans le filet + 400 g de pois gourmands + 400 g de jeunes navets
1 oignon nouveau + 1 gousse d'ail + 3 cm de gingembre frais + 2 cuil. à soupe de sauce soja salée + 2 cuil. à soupe de sauce soja sucrée + 2 cuil. à soupe de sauce nuoc-mâm
2 cuil. à soupe d'huile neutre + Coriandre ciselée + Graines de sésame noir (facultatif)

❐ Mélangez les sauces soja avec la sauce nuoc-mâm. Pelez et râpez le gingembre dans ce mélange. Pelez et émincez l'ail, ajoutez-le à la marinade.

❐ Taillez le porc en fines lamelles. Mettez-les dans la marinade, mélangez bien. Laissez mariner 10 minutes, le temps de préparer les légumes.

❐ Pelez les navets, coupez-les en dés. Rincez les pois gourmands. Pelez et émincez l'oignon.

❐ Dans un wok ou une grande poêle, faites chauffer une cuillerée à soupe d'huile neutre. Égouttez le porc en récupérant la marinade. Faites cuire la viande à feu vif pendant 5 minutes en remuant constamment. Quand elle est bien dorée, retirez-la. Réservez.

❐ Versez l'huile restante dans le wok, ajoutez les dés de navet et l'oignon émincé. Faites-les cuire à feu vif pendant 3 minutes en remuant constamment. Ajoutez les pois gourmands, la marinade et passez sur feu moyen. Cuisez pendant 3 minutes en remuant. Ajoutez la viande et prolongez la cuisson 1 minute.

❐ Servez dans de grands bols, parsemez de coriandre ciselée et de graines de sésame.

FILET MIGNON À LA SAUGE ET CAROTTES ET COURGETTES VICHY

POUR 4 PERSONNES • PRÉPARATION : 20 MIN • CUISSON : 40 MIN

600 g de filet mignon + 2 carottes + 2 courgettes + 1 oignon + 15 g de beurre
1 cuil. à soupe d'huile d'olive + 20 cl d'eau de Vichy + 4 feuilles de sauge + 2 brins de thym
1 feuille de laurier + 10 brins de persil plat + Sel, poivre

❒ Pelez et lavez les carottes, rincez les courgettes. Coupez-les en rondelles. Versez dans une petite casserole. Ajoutez du sel, très peu de poivre, 1 brin de thym, le beurre et l'eau de Vichy. Couvrez et laissez mijoter à feu doux pendant 20 minutes : tout le liquide doit être absorbé. Réservez au chaud.

❒ Pelez l'oignon, coupez-le en quatre. Faites chauffer à feu moyen l'huile d'olive dans une petite cocotte. Ajoutez le filet mignon et les morceaux d'oignon. Faites dorer légèrement sur toutes les faces. Ajoutez la sauge, le laurier, 1 brin de thym, du sel et très peu de poivre. Couvrez et laissez cuire à feu très doux pendant 20 minutes. Si la viande vous paraît sèche, ajoutez quelques cuillerées d'eau en cours de cuisson.

❒ Rincez le persil, éliminez les tiges et hachez les feuilles. Retirez l'oignon et découpez la viande en fines tranches. Servez avec les légumes, décorés de persil.

PORC FAÇON BANH MI

POUR 4 PERSONNES • PRÉPARATION : 15 MIN • CUISSON : 10 MIN

1 concombre + 4 carottes + 400 g d'escalopes de porc + 1 gousse d'ail
1 petit morceau de gingembre + ½ baguette + 1 botte de coriandre
Le jus de ½ citron vert + 1 cuil. à soupe d'huile de sésame + 1 cuil. à soupe de sauce soja
1 cuil. à soupe de nuoc-mâm + Sel, poivre

❒ Lavez le concombre et râpez-le grossièrement. Pelez les carottes et râpez-les grossièrement. Assaisonnez le concombre et les carottes avec l'huile de sésame, le jus de citron vert, salez et poivrez.

❒ Coupez les escalopes de porc en lanières, faites-les sauter à feu vif dans une grande poêle. Ajoutez la sauce soja et la sauce nuoc-mâm, l'ail et le gingembre hachés. Salez et poivrez.

❒ Coupez la baguette en petits tronçons. Lavez et effeuillez la coriandre.

❒ Servez les différents ingrédients dans des bols.

TRAVERS DE PORC CARAMÉLISÉS ET PAK-CHOÏ VAPEUR

POUR 4 PERSONNES • PRÉPARATION : 15 MIN • MACÉRATION : 1 H
CUISSON : 1 H

1 kg de travers de porc + 4 petits choux chinois pak-choï + 1 citron vert
2 cuil. à soupe d'huile vierge de sésame toasté + 1 cuil. à soupe de graines de sésame
1 cuil. à café de tamari + Quelques branches de coriandre ciselée
Pour la marinade : 2 citrons verts + 1 gousse d'ail + 5 cl d'huile d'olive
3 cuil. à soupe de miel + 2 cuil. à soupe de tamari + 2 cuil. à soupe de concentré de tomates
1 cuil. à café de gingembre en poudre + ½ cuil. à café de purée de piment rouge

❒ Épluchez, dégermez et hachez l'ail. Lavez les citrons, prélevez leur zeste et pressez les fruits. Préparez la marinade en mélangeant tous les ingrédients.

❒ Coupez les travers entre deux os et faites-les mariner avec la sauce 1 heure au frais.

❒ Préchauffez le four à 210 °C (th. 7). Disposez les travers en une seule couche dans un grand plat à gratin et enfournez pour 1 heure en retournant les travers plusieurs fois.

❒ Pendant ce temps, effeuillez et ciselez la coriandre. Pressez la moitié du citron vert. Mélangez le jus de citron avec l'huile de sésame et le tamari. Lavez les choux, coupez-les en deux et faites-les cuire 10 minutes environ à la vapeur douce jusqu'à ce que les cœurs soient tendres.

❒ Servez les travers de porc dès la sortie du four avec les choux pak-choï chauds, arrosés de vinaigrette à l'huile de sésame et saupoudrés de graines de sésame et de coriandre ciselée.

BROCHETTES DE POULET, RADIS, POIS GOURMANDS

POUR 4 PERSONNES • PRÉPARATION : 30 MIN • CUISSON : 25 MIN

MARINADE : 30 MIN

400 g de blancs de poulet + 400 g de pois gourmands + Quelques radis
8 tomates cerises + 1 poignée d'amandes effilées + 1 cuil. à café de curry en poudre
1 cuil. à café de paprika + 1 gousse d'ail + Le jus de 1 citron + Sel, poivre

❒ Dans un plat, mettez la gousse d'ail hachée, les épices et le jus de citron. Coupez le poulet en gros cubes. Lavez les tomates cerises. Faites mariner le poulet et les tomates dans les épices et le jus de citron pendant 30 minutes.

❒ Préchauffez le four à 180 °C (th. 6). Confectionnez les brochettes, puis disposez-les dans un plat allant au four. Enfournez pour 25 minutes et arrosez de marinade pendant la cuisson.

❒ Pendant ce temps, faites bouillir de l'eau salée et faites cuire 5 à 6 minutes les pois gourmands puis réservez au chaud.

❒ Servez les brochettes avec les pois gourmands, ajoutez quelques rondelles de radis et parsemez d'amandes.

TAJINE DE POULET, CAROTTES, COURGETTES

POUR 4 PERSONNES • PRÉPARATION : 10 MIN • CUISSON : 45 MIN

4 hauts de cuisse de poulet + 6 carottes + 4 courgettes + 2 oignons
1 bouquet de coriandre + 2 citrons + 1 cuil. à soupe d'huile d'olive
1 cuil. à café de cumin + 1 cuil. à café de curcuma + 1 cuil. à café de paprika
1 cuil. à café de ras el-hanout + Sel, poivre

❒ Pelez les oignons et coupez-les en morceaux. Pelez les carottes et coupez-les en gros morceaux. Lavez les courgettes et coupez-les en morceaux. Ciselez la coriandre.

❒ Dans une cocotte ou un tajine, faites chauffer l'huile et ajoutez le poulet, les épices, les oignons, la moitié de la coriandre, le jus de 1 citron et l'autre citron coupé en quartiers, salez, poivrez et faites revenir pendant 15 minutes.

❒ Mouillez avec de l'eau jusqu'à couvrir le poulet et ajoutez les carottes. Poursuivez la cuisson à couvert pendant 20 minutes, ajoutez ensuite les courgettes et faites cuire encore 10 minutes.

❒ Ajoutez le reste de la coriandre et dégustez bien chaud.

SEMOULE DE CHOU-FLEUR, POULET, CHAMPIGNONS-ÉPINARDS

POUR 4 PERSONNES • PRÉPARATION : 15 MIN • CUISSON : 10 MIN

1 chou-fleur + 300 g de blancs de poulet + 250 g de champignons de Paris
4 poignées de pousses d'épinards + 1 oignon rouge + 1 gousse d'ail
Quelques gouttes de jus de citron + 1 cuil. à soupe d'huile de sésame + Sel, poivre
Huile d'olive

❒ Lavez, effeuillez et râpez le chou-fleur en semoule avec une râpe à gros trous. Faites cuire à la vapeur pendant 5 minutes. Salez, poivrez et ajoutez l'huile de sésame et le jus de citron.

❒ Coupez les blancs de poulet en lamelles et faites-les griller dans une poêle. Salez et poivrez. Réservez.

❒ Nettoyez et émincez les champignons, faites-les cuire dans la poêle avec un filet d'huile d'olive. Ajoutez la gousse d'ail hachée en fin de cuisson.

❒ Servez les différents ingrédients avec les jeunes pousses d'épinards rincées à l'eau claire et l'oignon rouge émincé.

BOL THAÏ

POUR 4 PERSONNES • PRÉPARATION : 15 MIN • CUISSON : 20 MIN

3 blancs de poulet + 400 g de nouilles + 200 g de pois gourmands + 200 g de carottes
2 cuil. à soupe de cacahuètes hachées + 1 cuil. à soupe d'huile d'olive
1 cuil. à soupe de sauce nuoc-mâm + 1 petit piment + Sel

❒ Pelez les carottes et coupez-les en demi-rondelles, faites-les cuire 10 minutes dans de l'eau bouillante, puis égouttez.

❒ Hachez les blancs de poulet avec un hachoir à viande ou avec un gros couteau.

❒ Faites cuire les nouilles dans un grand volume d'eau salée le temps indiqué sur l'emballage, puis égouttez-les.

❒ Rincez les pois gourmands. Faites-les cuire dans une grande poêle avec l'huile d'olive et 4 cuillerées à soupe d'eau. Réservez, puis faites revenir les carottes dans la même poêle quelques minutes. Réservez et faites sauter le poulet haché.

❒ Servez dans des bols, assaisonnez avec du nuoc-mâm et saupoudrez de cacahuètes hachées et, selon votre goût, d'un peu de piment haché.

WOK DE POULET AUX POIVRONS

POUR 4 PERSONNES • PRÉPARATION : 5 MIN • CUISSON : 10 MIN

400 g d'aiguillettes de poulet + 5 mini-poivrons de couleurs différentes ou 3 poivrons
1 bouquet de coriandre + 1 gousse d'ail + 1 cuil. à soupe de cacahuètes
1 cuil. à café de curry en poudre + 1 filet d'huile de sésame + Sel, poivre

❒ Lavez et ciselez la coriandre. Lavez les mini-poivrons et coupez-les en deux ou en lamelles si ce sont des poivrons normaux.

❒ Chauffez un wok avec l'huile, puis faites revenir la gousse d'ail écrasée avec les aiguillettes de poulet, la coriandre et le curry pendant 5 à 6 minutes. Ajoutez les poivrons et poursuivez la cuisson pendant 5 minutes.

❒ Rectifiez l'assaisonnement et ajoutez les cacahuètes concassées au moment de servir.

DINDE POCHÉE AU LAIT D'AMANDE, MANGE-TOUT ET HARICOTS

POUR 4 PERSONNES • PRÉPARATION : 10 MIN • CUISSON : 17 MIN

4 filets de poitrine de dinde (blancs) + 250 g de haricots verts + 250 g de mange-tout
250 g de yaourt grec + 1 l de lait d'amande + 4 oignons verts émincés
80 g d'amandes torréfiées + 60 ml d'huile d'olive + 1 filet pour servir + Sel, poivre

❒ Versez le lait d'amande dans une grande casserole, ajoutez les oignons et une pincée de sel, portez à ébullition.

❒ Coupez la dinde en fines lamelles ; déposez-les dans le lait d'amande, faites cuire à feu doux et à couvert pendant 15 minutes environ.

❒ Faites blanchir les haricots verts et les mange-tout dans une grande casserole d'eau bouillante salée 2 minutes, égouttez et laissez refroidir sous l'eau.

❒ Dans un bol, mélangez le yaourt et l'huile d'olive, assaisonnez et remuez.

❒ Servez la dinde avec les légumes sur un lit de sauce au yaourt, parsemez d'amandes grossièrement hachées, arrosez de un filet d'huile et assaisonnez.

SALADE D'ENDIVES, DINDE ET AGRUMES

POUR 4 PERSONNES • PRÉPARATION : 5 MIN • CUISSON : 4 MIN

4 endives détaillées en feuilles entières + 2 oranges détaillées en suprêmes
2 pamplemousses détaillés en suprêmes + 2 cuil. à soupe de pistaches concassées
¼ de botte de menthe ciselée + 4 blancs de dinde
Pour la cuisson des blancs de dinde : 1 cuil. à soupe d'huile d'olive
1 cuil. à café de jus de citron
Pour la vinaigrette : 1 cuil. à soupe de vinaigre d'échalote
1 cuil. à soupe de jus de pamplemousse + 2 cuil. à soupe d'huile d'olive + Sel, poivre

❒ Faites cuire les blancs de dinde dans une poêle avec l'huile d'olive, puis déglacez avec le jus de citron, assaisonnez. Détaillez les blancs de dinde en lanières.

❒ Préparez la vinaigrette : mélangez le vinaigre, le jus de pamplemousse et l'huile dans un bol, puis assaisonnez.

❒ Mélangez dans un saladier les endives, les suprêmes d'orange et de pamplemousse, et la vinaigrette.

❒ Servez dans les assiettes les endives et les suprêmes, ajoutez la dinde et parsemez de pistaches et de menthe.

ROULÉS DE VEAU

POUR 4 PERSONNES • PRÉPARATION : 20 MIN • CUISSON : 20 MIN

4 escalopes de veau + 2 courgettes + 1 aubergine + 1 bouquet de basilic
1 gousse d'ail + 2 cuil. à soupe de chapelure

- Lavez le basilic. Réservez-en 4 feuilles et mixez le reste avec la gousse d'ail pelée et dégermée et la chapelure.
- Préchauffez le four à 180 °C (th. 6).
- Attendrissez les escalopes de veau en tapant dessus à l'aide d'un rouleau à pâtisserie, puis badigeonnez-les du mélange au basilic.
- Lavez les courgettes et l'aubergine. Avec un économe, réalisez de fines lamelles de légumes.
- Disposez des légumes sur les escalopes et ajoutez 1 feuille de basilic. Roulez chaque escalope et enveloppez-la, bien serrée, dans du film alimentaire.
- Faites cuire les roulés de veau à la vapeur pendant 20 minutes.

PAPILLOTE DE LAPIN

POUR 4 PERSONNES • PRÉPARATION : 20 MIN • CUISSON : 45 MIN

4 cuisses de lapin + 2 courgettes + 20 pruneaux + 1 gousse d'ail
4 cuil. à soupe de moutarde

❒ Préchauffez le four à 180 °C (th. 6).

❒ Lavez les courgettes, puis coupez-les en cubes en conservant la peau. Épluchez la gousse d'ail et hachez-la finement. Coupez les pruneaux en deux.

❒ Disposez dans un plat à four une feuille de papier cuisson. Placez-y les cuisses de lapin, badigeonnez-les de moutarde, puis ajoutez les courgettes, l'ail et les pruneaux.

❒ Refermez la papillote et enfournez pour 45 minutes.

CARPACCIO DE BŒUF, SALADE DE COURGETTES ET BETTERAVES

POUR 4 PERSONNES • PRÉPARATION : 20 MIN

400 g de carpaccio de bœuf + 2 petites courgettes + 2 petites betteraves cuites
2 cuil. à soupe d'huile d'olive + Le jus de 1 citron + 3 brins de persil plat + 1 brin de basilic
Sel, poivre

❒ Lavez les courgettes et râpez-les finement. Rincez le persil et le basilic, effeuillez-les et hachez-les. Versez dans un saladier les courgettes, le persil et le basilic hachés. Ajoutez 1 cuillerée à soupe d'huile d'olive et 2 cuillerées à soupe de jus de citron. Mélangez.

❒ Râpez finement les betteraves, assaisonnez-les avec 1 cuillerée à soupe d'huile d'olive, 2 cuillerées à soupe de jus de citron, un peu de sel et de poivre.

❒ Disposez le carpaccio de bœuf sur 4 assiettes. Parsemez-le de courgettes et de betteraves râpées. Servez très frais avec des gressins.

BŒUF GRILLÉ, SALADE ICEBERG

POUR 2 PERSONNES • PRÉPARATION : 5 MIN • CUISSON : 5 MIN

1 bavette de bœuf + 1 salade iceberg + 2 oignons nouveaux + 1 petite grenade
1 filet de vinaigre de cidre + 1 filet d'huile d'olive + Sel, poivre

- Faites chauffer pendant 5 minutes une poêle sur le gril.
- Mettez la bavette et les oignons coupés en deux sur le gril en retournant à mi-cuisson.
- Préparez l'assaisonnement de la salade en mélangeant les graines de grenade, l'huile d'olive et le vinaigre de cidre. Versez sur les feuilles de salade lavées, essorées et découpées grossièrement.
- Découpez la bavette en lamelles, salez et poivrez.

BOL BIBIMBAP

POUR 4 PERSONNES • PRÉPARATION : 20 MIN • CUISSON : 20 MIN

200 g de bœuf haché + 240 g de riz + 4 œufs + 150 g de haricots verts + 1 carotte
125 g de feuilles d'épinard + 1 gousse d'ail + 1 petit morceau de gingembre
3 cuil. à soupe d'huile d'olive + Sel, poivre

❒ Pelez la carotte et coupez-la en petits morceaux. Faites-la cuire 10 minutes dans de l'eau bouillante salée (ou à la vapeur).

❒ Lavez les haricots verts, équeutez-les et coupez-les en quatre. Rincez le riz et faites-le cuire avec les haricots verts dans de l'eau bouillante salée, puis égouttez-le.

❒ Rincez les épinards, faites-les cuire dans une grande poêle avec 1 cuillerée à soupe d'huile d'olive pendant 5 minutes, ajoutez l'ail haché, salez, poivrez et réservez. Sans laver la poêle, faites-la chauffer de nouveau à feu vif et versez le bœuf et le gingembre hachés. Faites cuire 3 minutes, salez et poivrez.

❒ Disposez les ingrédients dans des bols.

❒ Faites cuire 4 œufs au plat dans une grande poêle avec l'huile restante et ajoutez-les dans les bols.

HOTPOT CORÉEN AU BŒUF

POUR 4 PERSONNES • PRÉPARATION : 20 MIN • MARINADE : 30 MIN
CUISSON : 20 MIN

100 g de bœuf + 240 g de riz complet
Pour la marinade de la viande : 1 cuil. à soupe de sauce de soja + 1 cuil. à soupe d'huile de sésame + 1 cuil. à café de sucre brun + 1 gousse d'ail
Pour la sauce : 1 cuil. à soupe d'huile de sésame + 1 cuil. à soupe de sucre brun
1 cuil. à soupe d'eau + 1 cuil. à soupe de graines de sésame + 1 cuil. à café de vinaigre
1 gousse d'ail
Pour la garniture : 2 grosses carottes râpées + 250 g d'épinards + 4 œufs
250 g de pousses de soja + Huile + Sel

❒ Faites cuire le riz en suivant les indications portées sur l'emballage.

❒ Préparez la marinade. Hachez l'ail. Mélangez tous les ingrédients de la marinade et enrobez la viande de ce mélange. Laissez-la mariner 30 minutes environ. Puis faites-la cuire à la poêle 2 à 3 minutes de chaque côté. Coupez-la en lamelles.

❒ Mélangez tous les ingrédients de la sauce.

❒ Râpez les carottes et faites blanchir les épinards 1 minute dans l'eau bouillante salée ou à la vapeur.

❒ Faites cuire les œufs dans une poêle avec un filet d'huile. Servez chaque portion avec du riz, du bœuf, des épinards, des pousses de soja crues, des carottes, 1 œuf. Accompagnez le tout de sauce.

CEVICHE DE BAR AU LAIT DE COCO

POUR 4-6 PERSONNES • PRÉPARATION : 15 MIN • MACÉRATION : 30 MIN

500 g de bar + 100 g de tomates cerises + 20 g de persil haché + 20 g de coriandre hachée + 20 cl de lait de coco + 15 cl de vinaigre de vin blanc + ½ petit oignon rouge
Le jus de 1 citron vert + Sel, poivre

❒ Mélangez dans un bol le bar coupé en morceaux avec le vinaigre de vin blanc. Laissez mariner au frais pendant 30 minutes, puis rincez sous l'eau froide et séchez bien.

❒ Versez le lait de coco dans un bol puis ajoutez le bar, les tomates coupées en deux, la coriandre, le persil, l'oignon coupé en tranches très fines et le jus de citron. Assaisonez.

FILET DE BAR RÔTI AUX TOMATES CERISES

POUR 4 PERSONNES • PRÉPARATION : 10 MIN • CUISSON : 15 MIN

4 filets de bar (160 g/personne) + 250 g de tomates cerises
100 g d'olives vertes dénoyautées + 20 g de persil + 2 gousses d'ail + Huile d'olive
1 pincée de poivre de Cayenne + Sel

❐ Préchauffez le gril du four.

❐ Mélangez dans un bol l'ail finement haché, les tomates coupées en deux, les olives grossièrement hachées (si possible, ajoutez 1 cuillerée à soupe de jus d'olive) et un filet d'huile d'olive, assaisonnez.

❐ Déposez les filets de bar dans un plat allant au four, salez et poivrez. Versez le mélange sur les filets et laissez cuire 15 minutes environ, jusqu'à ce que le poisson devienne opaque. Servez avec le persil ciselé.

LIMANDE-SOLE, PETITS POIS ET SALSA VERDE

POUR 4 PERSONNES • PRÉPARATION : 15 MIN • CUISSON : 10 MIN

4 filets de limande-sole (500 g environ) + 220 g de petits pois surgelés + Le jus et le zeste de 1 citron + 2 cuil. à soupe de graines de courge + 1 cuil. à soupe d'huile de coco
1 pincée de sumac + Sel, poivre

Pour la salsa verde : 20 g de persil + 20 g de basilic + 6 cl d'huile d'olive
1 cuil. à café de câpres + 1 cuil. à café de vinaigre de cidre

❒ Préparez la salsa verde. Dans le bol d'un robot, déposez le persil, le basilic et les câpres. Versez l'huile d'olive et le vinaigre et mixez jusqu'à l'obtention d'un liquide homogène.

❒ Assaisonnez les filets. Dans une poêle, faites fondre l'huile de coco puis déposez les filets et faites cuire 2 à 3 minutes de chaque côté. Réservez.

❒ Faites cuire dans la même poêle les petits pois avec le jus de citron 3 à 4 minutes.

❒ Servez les filets avec la salsa verde, les petits pois, le zeste de citron et une pincée de sumac. Parsemez de graines de courge avant de servir.

CEVICHE DE DAURADE AVOCAT-PASSION

POUR 2 PERSONNES • PRÉPARATION : 15 MIN • MARINADE : 15 MIN

4 filets de daurade sans peau ni arêtes + 1 avocat + 1 fruit de la Passion + 1 citron vert
1 citron jaune + 1 tomate + 1 oignon tige + 4 cuil. à soupe de lait de coco
1 bouquet de coriandre + Mélange 5 baies du moulin + Sel

❒ Coupez les filets de daurade en morceaux (un peu plus gros qu'un tartare). Mettez-les dans un saladier (idéalement en verre avec couvercle).

❒ Pressez le citron vert, la moitié du citron jaune, arrosez le poisson, salez, mettez 8 tours de moulin de 5 baies. Mélanger bien et réservez au frais 15 minutes.

❒ Coupez l'avocat en dés. Arrosez-les avec le jus de l'autre moitié du citron jaune. Lavez la tomate, coupez-la en quatre, retirez les pépins, puis coupez-la en dés également. Coupez la tige et la barbe de l'oignon, rincer-le et émincez la moitié (gardez le reste pour une autre recette). Rincez et ciselez la coriandre. Réservez quelques brins pour la déco.

❒ Sortez le poisson, versez le lait de coco, mélangez et ajustez l'assaisonnement si besoin. Ajoutez les dés d'avocat, de tomate, l'oignon émincé, la coriandre ciselée et mélangez bien.

❒ Répartissez dans 2 bols. Parsemez de coriandre ciselée et de grains de fruit de la Passion.

FILETS DE TURBOT COCO-GINGEMBRE, HARICOTS VERTS

POUR 4 PERSONNES • PRÉPARATION : 15 MIN • CUISSON : 20-25 MIN

4 filets de turbot (4 x 150 g) + 400 g de haricots verts + 1 petit bouquet de coriandre
1 gousse d'ail + Le jus de 1 citron + 2 cuil. à soupe de gingembre frais râpé + 1 piment vert
80 g de noix de coco en poudre + 1 cuil. à café de cumin en poudre + 4 cuil. à café d'huile de coco + Huile de sésame + Sel, poivre

❒ Préchauffez le four à 200 °C (th. 6-7). Mettez les feuilles de coriandre, l'ail, le jus de citron, le gingembre et le piment dans le bol d'un robot et mélangez jusqu'à l'obtention d'une pâte homogène, incorporez la noix de coco et le cumin, assaisonnez.

❒ Sur 4 feuilles de papier aluminium, déposez 1 cuillerée à café d'huile de coco, frottez-en un peu le papier, puis répartissez la sauce sur chaque feuille, déposez les filets de turbot, mettez un peu de sauce par-dessus et fermez délicatement les papillotes. Enfournez pour 15 à 20 minutes (en fonction de l'épaisseur des filets).

❒ Pendant ce temps, faites cuire les haricots verts à la vapeur pendant 5 à 7 minutes : ils doivent rester croquants.

❒ Servez le turbot sur un lit de haricots verts arrosé avec un filet d'huile de sésame.

FILETS DE MERLAN, MANGO SALSA

POUR 4 PERSONNES • PRÉPARATION : 10 MIN • CUISSON : 10-12 MIN

4 filets de merlan + 2 mangues mûres + 1 poivron rouge + 10 g de feuilles de coriandre
1 petit oignon rouge + 1 petit piment vert + Le jus de 1 gros citron vert + Huile d'olive
Sel, poivre

❒ Préchauffez le four à 180 °C (th. 6). Dans un saladier, mélangez les mangues et le poivron coupés en dés, la coriandre ciselée, l'oignon et le piment hachés.

❒ Arrosez avec le jus de citron vert, mélangez bien et assaisonnez.

❒ Déposez chaque filet de merlan dans un morceau de papier aluminium, arrosez avec un filet d'huile, assaisonnez et enfournez pour 10 à 12 minutes.

❒ Servez chaque filet sur un lit de mango salsa.

NOUILLES DE RIZ AU GINGEMBRE, SAUMON ÉMIETTÉ ET SÉSAME

POUR 4 PERSONNES • PRÉPARATION : 10 MIN • CUISSON : 10 MIN

2 gros filets de saumon + 400 g de vermicelles de riz + 1 botte d'oignons verts
1 morceau de gingembre frais (10 cm) + 80 ml d'huile végétale + 1 cuil. à soupe d'huile de sésame + 2 cuil. à soupe de sauce soja ou tamari + 2 cuil. à soupe de vinaigre de riz
1 pincée de sel + Quelques graines de sésame noir

❒ Hachez les oignons nouveaux (parties vertes et blanches) et râpez le gingembre. Puis versez-les dans un bol avec les deux huiles, la sauce soja et le vinaigre, salez.

❒ Faites cuire les filets de saumon à la vapeur 5 à 7 minutes.

❒ Faites cuire les vermicelles de riz en suivant les indications portées sur l'emballage.

❒ Mélangez la sauce avec les vermicelles et ajoutez le saumon émietté. Parsemez de graines de sésame et servez aussitôt .

BROCHETTES DE SAUMON GRILLÉ ET COURGETTES, SAUCE AU YAOURT

POUR 4 PERSONNES • PRÉPARATION : 20 MIN • CUISSON : 8 MIN

700 g de filets de saumon + 2 courgettes + 2 citrons
Pour la sauce de cuisson : 2 cuil. à soupe d'huile d'olive + 1 cuil. à soupe de jus de citron
1 cuil. à soupe de sirop d'érable + ½ cuil. à café de sel + 1 pincée de paprika
1 pincée de piment d'Espelette
Pour la sauce d'accompagnement : 200 g de yaourt + ½ concombre + Le zeste de 1 citron
10 g d'aneth + 2 gousses d'ail + Quelques feuilles de menthe + Sel, poivre

❒ Préchauffez le gril du four. Coupez les filets de saumon en morceaux. Coupez les courgettes et les citrons en fines rondelles.

❒ Enfilez sur des piques à brochettes un morceau de saumon, une rondelle de citron et une rondelle de courgette, recommencez jusqu'à épuisement des ingrédients. Déposez les brochettes sur une plaque de cuisson.

❒ Préparez la sauce de cuisson. Dans un bol, mélangez l'huile, le jus de citron, le sirop d'érable, le sel, le paprika et le piment d'Espelette. Badigeonnez les brochettes de sauce et enfournez-les pour 8 minutes.

❒ Préparez la sauce d'accompagnement. Mixez brièvement tous les ingrédients dans un blender. Transférez dans un bol et servez avec les brochettes.

SAUMON GRAVLAX AUX 4 ÉPICES ET SAUCE NORDIQUE LÉGÈRE

POUR 4 PERSONNES • PRÉPARATION : 10 MIN • MARINADE : 48 H

400 g de filet de saumon extra-frais de qualité sans peau ni arêtes
3 cuil. à soupe de gros sel + 2 cuil. à soupe de sucre de canne blond ou roux
1 cuil. à soupe de mélange 4 épices + Aneth ciselé
Pour la sauce : 2 cuil. à soupe de fromage blanc + 2 cuil. à soupe de vinaigre de cidre
2 cuil. à soupe d'aneth ciselé + 2 cuil. à café de sucre de canne roux
2 cuil. à café de moutarde à l'ancienne + 2 cuil. à café de curry en poudre

❒ Mélangez sel, sucre et 4 épices. Enduisez le poisson de cette préparation, enveloppez-le dans du film alimentaire, puis mettez-le dans une boîte hermétique au réfrigérateur pendant 48 heures. Toutes les 12 heures environ, retirez l'eau qui s'est formée.

❒ Rincez bien le saumon et séchez-le dans un torchon propre. Coupez-le en fines tranches (ou en cubes). Éventuellement, parsemez-le d'aneth ciselé. Il se conserve environ 48 heures au réfrigérateur.

❒ Préparez la sauce : mélangez tous les ingrédients, c'est prêt !

❒ Servez les tranches de saumon avec la sauce à part, accompagnées, par exemple, de tagliatelles de carottes et de pâtes colorées, aussi jolies que rassasiantes.

SAUMON, RIZ COCO ET CHOU KALE CROUSTILLANT

POUR 4 PERSONNES • PRÉPARATION : 15 MIN • CUISSON : 20 MIN

4 filets de saumon (400 g environ) + 220 g de riz + 21 cl de lait de coco
1 bouquet de chou kale (180 g) + 22 cl d'eau + 50 g de noix de coco râpée ou en copeaux
5 cl d'huile de coco + 2 cuil. à soupe de tamari + 2 cuil. à soupe de sauce rouge épicée (sriracha ou harissa) + 1 cuil. à soupe de sucre de coco (ou de canne)
1 cuil. à café d'huile de sésame + Sel

❒ Rincez le riz puis faites-le cuire 10 minutes dans l'eau et le lait de coco avec une pincée généreuse de sel. Retirez du feu et ajoutez le sucre, mélangez.

❒ Préchauffez le four à 200 °C (th. 6-7).

❒ Mélangez dans un petit bol l'huile de coco, l'huile de sésame, le tamari et la sauce épicée.

❒ Déposez le chou kale grossièrement haché et la noix de coco sur une plaque allant au four recouverte de papier cuisson, arrosez de la moitié de la sauce et mélangez.

❒ Badigeonnez les filets de saumon du reste de la sauce et déposez-les sur le chou. Enfournez 10 minutes environ (veillez à ce que le chou kale ne brûle pas !).

❒ Servez le chou kale et le saumon sur un lit de riz.

MAKIS DE CONCOMBRE AU SAUMON

POUR 4 PERSONNES • PRÉPARATION : 10 MIN • RÉFRIGÉRATION : 2 H

40 g de saumon fumé + 1 concombre + 50 g de fromage blanc à 0 % de MG
50 g de St Môret® + 10 brins de ciboulette + ½ citron + Sel, poivre

- Lavez le concombre. Coupez-le en quatre, puis creusez le centre avec un vide-pomme.
- Prélevez le jus du citron. Coupez le saumon fumé en petits morceaux et mélangez-les avec le fromage blanc, le St Môret® et le jus de citron.
- Ciselez la ciboulette et ajoutez-la à la préparation. Salez, poivrez.
- Fourrez le centre des morceaux de concombre du mélange, puis coupez des rondelles. Servez frais.

POKE BOL AU THON ET À L'AVOCAT

POUR 4 PERSONNES • PRÉPARATION : 15 MIN • MARINADE : 5 MIN
CUISSON : 10 MIN

500 g de thon frais pour sushis + 1 avocat + 140 g de riz complet
2 cuil. à soupe de sauce soja + 1 cuil. à café de vinaigre de riz + 1 cuil. à café d'huile de sésame + 1 cuil. à soupe de graines de sésame noir + ½ cuil. à café de piment d'Espelette
2 oignons verts + 1 grande feuille d'algue nori

❒ Faites cuire le riz en suivant les indications portées sur l'emballage.

❒ Dans un bol, émulsionnez la sauce soja, le vinaigre, l'huile, les graines de sésame et le piment d'Espelette.

❒ Coupez le thon en cubes et versez-le dans la sauce. Émincez les oignons et ajoutez-les, mélangez délicatement. Laissez mariner 5 minutes.

❒ Coupez l'avocat en cubes et ajoutez-le.

❒ Servez le thon sur un bol de riz avec quelques morceaux d'algue nori.

STEAK DE THON MI-CUIT LAQUÉ

POUR 4 PERSONNES • PRÉPARATION : 2 MIN • CUISSON : 5 MIN

4 steaks de thon extra-frais de 150 g chacun (2 cm d'épaisseur environ) + 1 cuil. à soupe d'huile neutre (tournesol, arachide...) + 2 gousses d'ail + 6 cuil. à soupe de sauce soja salée 3 cuil. à soupe de sauce soja sucrée + 3 cuil. à soupe de vinaigre balsamique

❒ Pelez, dégermez et émincez l'ail.

❒ Chauffez l'huile dans une poêle et saisissez à feu vif les steaks de thon 30 secondes de chaque côté. Retirez le thon et réservez-le dans une assiette. Passez la poêle à feu moyen et mettez l'ail, remuez et versez le vinaigre balsamique, attendez 30 secondes, ajouter la sauce soja sucrée, mélangez avec une spatule en bois.

❒ Versez la sauce soja salée, mélangez, passez sur feu doux. Remettez le thon dans la poêle et cuisez-le 2 minutes à feu moyen en le retournant régulièrement et en l'enrobant de la sauce.

❒ Servez immédiatement avec du riz ou des légumes sautés au wok.

THON EN CROÛTE DE GRAINES

POUR 4 PERSONNES • PRÉPARATION : 20 MIN • CUISSON : 2 MIN

1 filet de thon épais (450 g environ) + 40 g de graines de sésame blanc ou noir ou un mélange + 2 cuil. à soupe d'huile de tournesol (ou autre) + 2 avocats 100 g de jeunes pousses + 25 g de graines de poireau ou de roquette germées + ½ citron
Pour la sauce : 4 cuil. à soupe de sauce soja + 2 cuil. à soupe (3 cl) de vinaigre de riz 1 cuil. à café de miel + 1 cuil. à soupe d'huile de sésame grillé + 2 cuil. à soupe de jus de citron + 1 petit oignon vert (ou 1 petite échalote) finement émincé(e) 1 petit morceau de gingembre épluché et passé au presse-ail + Sel, poivre

❒ Préparez la sauce : versez tous les ingrédients dans un bol et, à l'aide d'une fourchette, fouettez bien. Goûtez avant de rectifier l'assaisonnement en sel (la sauce soja est salée) et en poivre (le gingembre peut suffire).

❒ Découpez le filet de thon en 4 gros morceaux. Versez le sésame dans une assiette creuse. Enrobez les morceaux de thon en appuyant légèrement pour bien faire adhérer les graines.

❒ Coupez les avocats en deux, puis encore en deux. Retirez le noyau. Détaillez la chair en lamelles. Arrosez d'un peu de citron pour éviter qu'elles ne noircissent.

❒ Faites chauffer l'huile dans une poêle sur feu vif. Une fois bien chaude, saisissez le thon 1 minute de chaque côté pour qu'il soit saignant ou un tout petit peu plus pour une cuisson à point. Dans chaque assiette, déposez quelques jeunes pousses, de l'avocat, 1 morceau de thon. Versez un filet de vinaigrette et parsemez de graines de poireau.

CRÊPES GARNIES ÉPINARDS, NOIX DE COCO ET TRUITE FUMÉE

POUR 6 PERSONNES • PRÉPARATION : 45 MIN • CUISSON : 25 MIN

Pour la pâte à crêpes : 150 g de farine de sarrasin + 100 g de farine de blé T65 ou T80
2 œufs + 2 pincées de sel
Pour la garniture : 600 g d'épinards + 15 cl de lait de coco + 2 cuil. à soupe d'huile de coco (+ un peu pour la cuisson des crêpes) + 4 tranches de truite fumée + 1 gousse d'ail
2 cuil. à café de fécule de maïs + Quelques chips de noix de coco (ou de noix de coco râpée) pour servir

❐ Préparez la pâte en mélangeant dans un saladier les farines et le sel. Faites un puits, ajoutez les œufs et remuez énergiquement. Délayez petit à petit avec 40 cl d'eau, puis laissez reposer.

❐ Équeutez les épinards, lavez les feuilles, puis hachez-les grossièrement. Pelez et écrasez la gousse d'ail du plat du couteau. Dans une poêle, chauffez l'huile de coco avec l'ail. Ajoutez les épinards et faites-les cuire jusqu'à ce que les feuilles tombent et finissent de libérer leur eau. Égouttez et retirez la gousse d'ail.

❐ Dans une petite casserole, portez lentement à ébullition le lait de coco avec la fécule de maïs sans cesser de remuer : le lait épaissit. Mélangez-le aux épinards et réservez au chaud.

❐ Dans une poêle de 20 cm de diamètre, faites fondre un peu d'huile de coco, puis versez une louche de pâte. Laissez cuire 1 à 2 minutes, retournez la crêpe et poursuivez la cuisson jusqu'à ce que la surface soit bien dorée. Réservez au chaud et faites cuire les autres crêpes.

❐ Disposez sur les crêpes un peu d'épinards au lait de coco, de la truite fumée et des chips de noix de coco. Repliez et dégustez aussitôt.

POWER BOWL AU CHOU PE-TSAÏ

POUR 4 PERSONNES • PRÉPARATION : 40 MIN • CUISSON : 15 MIN

1 petit chou chinois pe-tsaï + 300 g de shiitakés + 300 g de nouilles de riz 16 crevettes crues + 1 carotte + 1 petit radis noir + 1 oignon + 2 branches de ciboule (ou d'oignon nouveau) + 2 gousses d'ail + 2 cm de gingembre 3 cuil. à soupe d'huile d'olive + 2 cuil. à soupe de tamari + 2 cuil. à soupe de vinaigre balsamique + 1 cuil. à soupe de sucre + 1 cuil. à soupe d'huile vierge de sésame toasté + Quelques graines de sésame

❐ Nettoyez les shiitakés en les passant rapidement sous un filet d'eau froide. Retirez les premières feuilles du chou si elles sont abîmées et émincez-le finement. Pelez la carotte et taillez-la en fins bâtonnets. Épluchez le radis et taillez-le en fines lamelles. Épluchez et émincez l'oignon. Coupez en rondelles les branches de ciboule. Pelez, dégermez et hachez finement l'ail. Pelez et coupez en tout petits cubes le gingembre.

❐ Faites fondre à feu doux les shiitakés pendant 15 minutes avec 1 cuillerée à soupe d'huile d'olive. Dans un bol, mélangez le tamari, le vinaigre balsamique et le sucre. Dans un wok, chauffez 1 cuillerée à soupe d'huile d'olive et faites-y sauter ensemble l'oignon et le chou pendant 5 minutes. Arrosez de la sauce et poursuivez la cuisson 2 minutes.

❐ Faites cuire les nouilles de riz comme indiqué sur l'emballage. Égouttez-les et mélangez-les à l'huile de sésame toasté. Décortiquez les crevettes en gardant le dernier anneau avec la queue. Dans une poêle chaude, chauffez le restant d'huile d'olive et faites-y revenir l'ail et le gingembre. Ajoutez les crevettes et faites-les sauter quelques minutes.

❐ Répartissez les nouilles dans 4 bols. Déposez les crevettes, les shiitakés et le chou, les rondelles de radis et les bâtonnets de carotte. Parsemez de ciboule et de graines de sésame.

MAQUEREAU MARINÉ GRILLÉ AU CHALUMEAU

POUR 4 PERSONNES • PRÉPARATION : 10 MIN • MARINADE : 5 MIN
CUISSON : 1 MIN

4 filets de maquereau de 150 g chacun + ½ oignon blanc + 1 gousse d'ail
Le jus de 1 citron jaune + ¼ de botte de coriandre + Huile d'olive + Sel
Pour le houmous de betterave : 1 betterave cuite + 200 g de pois chiches cuits
Le jus de 1 citron jaune + 1 cuil. à soupe de graines de sésame + Sel, poivre

❒ Épluchez l'oignon, l'ail et la betterave.

❒ Mixez au robot l'oignon, la coriandre, le jus de un citron avec un filet d'huile d'olive et du sel. Versez sur le maquereau et faites mariner 5 minutes.

❒ Mixez, sans nettoyer le robot, le jus de 1 citron, les pois chiches, la betterave, l'ail et les graines de sésame. Salez et poivrez.

❒ Grillez les filets de maquereau au chalumeau, servez avec la marinade restante et le houmous de betterave.

FRISÉE AU HARENG FUMÉ

POUR 4 PERSONNES • PRÉPARATION : 15 MIN • CUISSON : 5 MIN

1 frisée + 4 filets de hareng fumé + 100 g de pain de campagne + 12 noix de Grenoble
6 branches de persil + 25 g de beurre (ou 2 cuil. à soupe d'huile d'olive)
1 ½ cuil. à café d'ail en poudre (facultatif)
Pour la vinaigrette : 2 cuil. à soupe d'huile de noix + 1 cuil. à soupe de moutarde de Dijon
1 cuil. à soupe de bon vinaigre de vin + 1 cuil. à soupe d'huile de colza + Sel, poivre

❐ Retirez les premières feuilles de la frisée si elles sont abîmées. Effeuillez la salade, lavez soigneusement les feuilles et essorez-les. Préparez la vinaigrette en émulsionnant tous les ingrédients. Versez-la sur les feuilles de salade et mélangez bien.

❐ Rincez, effeuillez et ciselez finement le persil. Décoquillez les noix et concassez grossièrement les cerneaux. Taillez les filets de hareng en tronçons de 3 cm. Détaillez le pain en petits morceaux ; faites-les revenir quelques minutes dans une poêle avec le beurre et la poudre d'ail. En fin de cuisson, ajoutez les noix concassées. Réservez.

❐ Au moment de servir, mélangez la frisée avec le persil, puis ajoutez les morceaux de hareng et les croûtons de pain aux noix.

PANCAKE AUX MYRTILLES ET À L'HUILE D'OLIVE

POUR 4 PERSONNES • PRÉPARATION : 10 MIN

CUISSON : 4 MIN (CHAQUE PANCAKE)

1 œuf + 90 g de farine + 18 cl de lait + 120 g de myrtilles + Huile d'olive
4 cuil. à soupe de yaourt grec + 2 cuil. à soupe de graines de lin + 1 pincée de sel

❒ Préparez la pâte. Mettez l'œuf dans un grand bol avec la farine, le lait et le sel. Mélangez bien jusqu'à l'obtention d'une pâte homogène. Incorporez les myrtilles au mélange.

❒ Faites chauffer un filet d'huile dans une poêle, versez une louche de pâte et répartissez-la bien, laissez cuire 2 minutes et retournez. Recommencez jusqu'à épuisement de la pâte.

❒ Servez avec 1 cuillerée à soupe de yaourt grec, arrosez avec un filet d'huile d'olive et parsemez de graines de lin.

SMOOTHIE BOWL ARC-EN-CIEL

POUR 1 PERSONNE • PRÉPARATION : 5 MIN

1 banane mûre + 100 g de yaourt de soja (ou, à défaut, 80 ml de lait d'amande, d'avoine ou de soja) + 1 cuil. à café de purée d'amandes blanches + 2 dattes moelleuses dénoyautées
2 cuil. à café de graines (de lin, de courge, de tournesol, de sésame, de chia...)
Fruits frais ou herbes de différentes couleurs, à volonté :
Rouge : fraises, framboises, groseilles...
Orange : pêche, mangue, abricots...
Jaune : banane, ananas, mirabelles...
Vert : kiwi, menthe...
Bleu : myrtilles, raisin...
Violet : mûres, quetsches...

❒ Mixez la chair de la banane au blender avec le yaourt de soja, la purée d'amandes et les dattes jusqu'à l'obtention d'une préparation lisse et homogène.

❒ Versez le smoothie dans un bol et saupoudrez de graines au choix.

❒ Répartissez les fruits que vous avez choisis, préalablement lavés, équeutés, pelés et découpés en lamelles si besoin. Dégustez aussitôt.

GRANOLA À LA PURÉE DE CACAHUÈTES

POUR 2 PERSONNES • PRÉPARATION : 5 MIN • CUISSON : 13 MIN

1 cuil. à soupe de purée de cacahuètes (en magasin bio) + 1 cuil. à soupe de sirop d'érable
50 g de flocons d'avoine + 1 pincée de vanille ou de cannelle moulue
2 cuil. à soupe de graines (au choix :courge, tournesol), de fruits secs, de pépites de chocolat et/ou d'oléagineux

❒ Versez la purée de cacahuètes et le sirop d'érable dans une petite casserole. Faites chauffer 1 minute, à feu doux, en mélangeant bien.

❒ Hors du feu, incorporez les flocons d'avoine ainsi que la vanille ou la cannelle.

❒ Répartissez la préparation sur une plaque recouverte de papier cuisson.

❒ Enfournez pour 12 minutes dans un four préchauffé à 160 °C (th. 5-6).

❒ Versez le granola dans un bol et laissez refroidir à température ambiante.

❒ Incorporez les graines, fruits secs, pépites de chocolat, oléagineux... avant de déguster avec un yaourt de soja ou du lait végétal.

CRUMBLE BARRES DE RHUBARBE AUX FLOCONS D'AVOINE

POUR 8 BARRES • PRÉPARATION : 20 MIN • CUISSON / 35 MIN

400 g de rhubarbe + 200 g de farine T80 de blé (ou de petit épeautre)
100 g de purée d'amandes blanches + 75 g de petits flocons d'avoine
75 g de sucre de canne blond + 50 g d'amandes en poudre + 1 œuf + 3 cuil. à soupe d'huile d'olive (ou de coco liquide) + 1 cuil. à café de cannelle moulue

❒ Nettoyez les tiges de rhubarbe et épluchez-les en tirant les fibres avec un petit couteau. Taillez les tiges en petits cubes.

❒ Préchauffez le four à 180 °C (th. 6).

❒ Dans un saladier, déposez la farine, les flocons d'avoine, le sucre, la poudre d'amandes et la cannelle. Ajoutez la purée d'amandes et l'huile. Mélangez du bout des doigts. Lorsque la pâte commence à s'amalgamer, travaillez-la de manière à conserver de petits morceaux. Prélevez un tiers de pâte et réservez-le.

❒ Ajoutez à la pâte restante l'œuf battu en omelette et travaillez jusqu'à obtenir une boule de pâte qui ne colle pas. Dans un moule carré de 20 cm de côté chemisé de papier cuisson, tassez la pâte. Répartissez les petits cubes de rhubarbe, puis recouvrez de crumble. Enfournez pour 35 minutes. Laissez refroidir avant de couper en barres.

SCONES À LA RHUBARBE

POUR 8 SCONES • PRÉPARATION : 15 MIN • CUISSON : 15 MIN

250 g de farine de petit épeautre + un peu pour le plan de travail + 200 g de rhubarbe
50 g de beurre + 10 cl de lait + 2 cuil. à soupe de sucre de canne blond
2 cuil. à café de poudre à lever + Huile pour la plaque de cuisson

❒ Préchauffez le four à 200 °C (th. 6-7).

❒ Nettoyez les tiges de rhubarbe et épluchez-les en tirant les fibres avec un petit couteau. Taillez les tiges en tout petits cubes. Coupez le beurre en petits morceaux.

❒ Dans un saladier, mélangez tous les ingrédients secs. Ajoutez le beurre et malaxez du bout des doigts. Ajoutez les dés de rhubarbe et le lait et pétrissez le moins possible, juste assez pour incorporer la farine.

❒ Farinez le plan de travail. Aplatissez la pâte de la paume de la main sur 2 cm d'épaisseur en formant un disque de 20 cm de diamètre environ. À l'aide d'un couteau, découpez 8 parts et disposez-les à l'envers sur une plaque de cuisson huilée. Enfournez pour 15 à 20 minutes.

❒ Dégustez les scones encore chauds à peine sortis du four. Et si vous êtes gourmand, servez-les avec une bonne crème fraîche épaisse !

GREEN SMOOTHIE (POMME, AVOCAT, ÉPINARDS, ANANAS)

POUR 1 PERSONNE • PRÉPARATION : 5 MIN

100 g de jeunes pousses d'épinards + 100 g d'ananas + 15 cl de jus de pomme + ¼ d'avocat

❒ Rincez les pousses d'épinards. Pelez l'ananas et coupez-le en petits morceaux.

❒ Placez les jeunes pousses d'épinards, l'ananas et l'avocat dans le bol du blender, mixez en ajoutant le jus de pomme petit à petit.

TOUS EN CUISINE!

GRAINES DE CHIA, MYRTILLES ET VANILLE

POUR 1 PERSONNE • PRÉPARATION : 5 MIN • MACÉRATION : 8 H

1 cuil. à soupe de graines de chia + 2 cuil. à soupe de myrtilles fraîches ou surgelées (+ quelques-unes pour la garniture) + 1 cuil. à café d'extrait de vanille
60 g de flocons d'avoine + 17,5 cl de lait d'amande

❒ Mettez dans un bocal les flocons d'avoine, la vanille et les graines de chia. Versez le lait d'amande sur la mixture, mélangez et ajoutez les myrtilles.

❒ Couvrez le bol et laissez reposer au frais quelques heures ou pendant une nuit.

❒ Avant de déguster, parsemez de quelques myrtilles.

PANNACOTTA VEGAN MANGUE-COCO

POUR 4 PERSONNES • PRÉPARATION : 10 MIN • CUISSON : 5 MIN
RÉFRIGÉRATION : 30 MIN

1 boîte de lait de coco + 1 mangue + 3 cl de sirop d'agave + 1 cuil. à café d'extrait de vanille ½ cuil. à café d'agar-agar + 2 cuil. à soupe de graines de sésame ou de noix de coco râpée

❒ Portez à ébullition le lait de coco, le sirop d'agave, l'extrait de vanille et l'agar-agar dans une petite casserole. À feu doux, délayez bien au fouet pendant 5 minutes.

❒ Versez le mélange dans de petits ramequins et laissez reposer au frais 30 minutes.

❒ Épluchez et coupez la mangue en petits morceaux. Avant de servir, ajoutez les morceaux de mangue dans les petits ramequins, parsemez de graines de sésame ou de noix de coco râpée et dégustez.

TARTINES TONUS

POUR 1 PERSONNE • PRÉPARATION : 5 MIN

Idée n° 1 : 1 tranche de pain (de votre choix, en privilégiant du pain sans gluten ou complet)
1 cuil. à café de purée de noix de cajou + 1 poignée de myrtilles
1 cuil. à café de graines de pavot

Idée n° 2 : 1 tranche de pain + 1 cuil. à café de purée d'amandes + 1 poignée de framboises
1 cuil. à café de graines de lin

Idée n° 3 : 1 tranche de pain + 1 cuil. à café de purée de noisettes + ½ banane
1 cuil. à café de baies de goji

❒ Lavez les fruits ou découpez la banane en rondelles.

❒ Étalez la purée de votre choix sur la tranche de pain. Ajoutez les fruits et saupoudrez de graines ou de baies de goji.

PUDDING AUX GRAINES DE CHIA ET À LA FRAISE

POUR 2 PERSONNES • PRÉPARATION : 20 MIN • REPOS : QUELQUES HEURES
CUISSON : 10 MIN

60 g de graines de chia + 170 g de fraises + 50 cl de lait d'amande + 14 cl d'eau + 1 kiwi
½ avocat + 2 dattes + 1 cuil. à soupe de sirop d'agave + 1 cuil. à soupe de grué de cacao (facultatif) + 1 cuil. à café d'extrait de vanille + Quelques feuilles de menthe

❒ Versez le lait dans un bol ou un bocal avec les graines de chia, la vanille et le sirop d'agave. Mélangez et laissez reposer quelques heures ou pendant une nuit.

❒ Dénoyautez les dattes et placez-les dans une casserole avec les fraises coupées en deux et l'eau. Portez à ébullition puis laissez mijoter à feu doux pendant 10 minutes. Transférez dans un bol et écrasez le mélange avec le dos d'une fourchette. Réservez au frais.

❒ Épluchez et coupez en dés le kiwi et l'avocat pelé et dénoyauté. Ciselez la menthe. Transférez le pudding dans des petits verres puis ajoutez 2 cuillerées généreuses de compote de fraises. Parsemez du mélange de fruits, de grué de cacao et de menthe.

TARTINES AUX PÊCHES, TAHINI ET MIEL

POUR 4 TARTINES • PRÉPARATION : 10 MIN

4 tranches de pain complet + 2 petites pêches + 1 ½ cuil. à soupe de tahini
1 ½ cuil. à soupe de miel + Quelques graines de sésame noir
Quelques micropousses (facultatif)

❒ Grillez les tranches de pain au four ou au grille-pain. Dans un petit bol, mélangez le tahini et le miel. Coupez les pêches en quartiers.

❒ Tartinez les tranches de pain du mélange, garnissez généreusement de quartiers de pêche et parsemez de graines de sésame et de micropousses.

BOWL CAKE MANGUE, COCO

POUR 1 PERSONNE • PRÉPARATION : 10 MIN • CUISSON : 4 MIN

½ mangue + 4 cl de lait de coco + 1 cuil. à café de coco en poudre + 1 banane + 1 blanc d'œuf + 40 g de flocons d'avoine + 1 pincée de levure + 1 kiwi + 50 g de groseilles

❒ Dans un bol, écrasez la banane, puis ajoutez le blanc d'œuf, les flocons d'avoine, la poudre de coco, la levure et le lait de coco.

❒ Coupez la mangue en cubes ; ajoutez-les à la préparation.

❒ Versez dans un bol et mettez à cuire au four à micro-ondes pour 4 minutes. Épluchez et coupez le kiwi, lavez les groseilles.

❒ Démoulez le bowl cake et dégustez avec les fruits frais.

OMELETTE SUCRÉE AU KIWI ET AUX FRUITS ROUGES

POUR 1 PERSONNE • PRÉPARATION : 10 MIN • CUISSON : 5 MIN

1 œuf entier + 2 blancs d'œufs + 1 cuil. à café de miel
1 cuil. à soupe de fromage blanc à 0 % de MG + 1 kiwi + 100 g de fruits rouges

❒ Dans un saladier, battez à la fourchette l'œuf entier et les blancs avec le miel, puis ajoutez le fromage blanc.

❒ Chauffez une poêle antiadhésive et faites cuire l'omelette jusqu'à la consistance désirée, puis ajoutez le kiwi pelé et tranché et les fruits rouges préalablement lavés.

❒ Dégustez chaud.

BARRES FRUITS ROUGES, SARRASIN

POUR 12 BARRES • PRÉPARATION : 20 MIN • CUISSON : 40 MIN • REPOS : 30 MIN

250 g de fruits rouges + 100 g de purée d'amandes + 80 g de flocons de sarrasin
70 g de farine de sarrasin + 50 g de farine de riz + 50 g de sucre complet + 1 œuf
1 gousse de vanille + Huile pour le moule

❒ Préchauffez le four à 180 °C (th. 6).

❒ Fendez la gousse de vanille en deux et grattez l'intérieur avec la pointe d'un couteau pour récolter les graines.

❒ Mélangez les farines, le sucre, les flocons de sarrasin et les graines de vanille. Ajoutez la purée d'amandes, puis l'œuf battu. Mélangez bien.

❒ Huilez un moule carré de 15 cm environ (ou équivalent rectangulaire) et étalez la moitié de la préparation. Répartissez les fruits par-dessus et recouvrez avec le reste de la pâte.

❒ Étalez bien et enfournez pour 40 minutes.

❒ Laissez refroidir 30 minutes environ et coupez en barres individuelles.

BROWNIE CRU

POUR 4-6 PERSONNES • PRÉPARATION : 10 MIN • RÉFRIGÉRATION : 1 NUIT

200 g de dattes + 150 g de noix + 90 g d'amandes + 50 g de poudre de cacao cru
1 pincée de sel

❒ Déposez les noix dans le bol d'un robot, mixez et ajoutez le cacao et le sel, puis les dattes dénoyautées, une par une.

❒ Transférez dans un moule cette préparation et les amandes grossièrement hachées. Étalez bien en pressant avec les mains. Placez au réfrigérateur pendant une nuit et jusqu'au moment de servir.

TOUS EN CUISINE

BOUCHÉES AU CHOCOLAT NOIR

POUR 20 BOUCHÉES • PRÉPARATION : 20 MIN • RÉFRIGÉRATION : 30 MIN

160 g de chocolat noir + 40 g de mélange de fruits secs + 1 cuil. à soupe de sarrasin grillé

- Recouvrez une plaque en métal de papier cuisson.
- Hachez grossièrement le chocolat noir et déposez-le dans un bol. Faites-le fondre au bain-marie.
- Déposez, à l'aide d'une cuillère, un peu de chocolat noir fondu sur le papier cuisson.
- Parsemez le chocolat de fruits secs et de graines de sarrasin pendant qu'il est encore chaud.
- Laissez reposer au réfrigérateur 30 minutes environ.

GAUFRES AU MUESLI

POUR 10 GAUFRES • PRÉPARATION : 10 MIN • CUISSON : 5 MIN (CHAQUE GAUFRE)

120 g de farine de riz complet + 120 g de farine de coco
100 g de flocons de sarrasin + 3 œufs + 35 cl de lait d'amande (ou de noisette, ou autre)
1 cuil. à café de graines de chia + ½ cuil. à café de levure
Pour la garniture : 1 pomme + 1 cuil. à café de miel

❒ Dans un saladier, mélangez les farines, la levure et les flocons. Ajoutez les jaunes d'œufs et le lait et mélangez progressivement.

❒ Battez les blancs d'œufs en neige avec un batteur électrique. Ajoutez-les à la préparation.

❒ Versez une louche de pâte dans le gaufrier et fermez-le. Lorsque la gaufre est dorée, détachez-la et réservez-la au chaud. Répétez l'opération avec le reste de la pâte.

❒ Servez avec des tranches de pomme et un peu de miel, et saupoudrez de graines de chia.

PAIN AUX 3 GRAINES

POUR 4 PERSONNES • PRÉPARATION : 20 MIN • REPOS : 1 H 30

CUISSON : 35 MIN

100 g de farine de blé complète + 100 g de farine de châtaigne
50 g de farine de riz complète + 30 g de graines de tournesol + 30 g de graines de pavot
30 g de graines de courge + 2 cuil. à soupe d'huile d'olive + 1 cuil. à café de sucre roux
1 sachet de levure de boulanger déshydratée + Sel

❒ Mélangez les farines, la levure, le sucre roux et ½ cuillerée à café de sel fin. Ajoutez 30 cl d'eau tiède et l'huile d'olive. Travaillez la pâte pendant 5 minutes à la main ou au robot. Couvrez et laissez reposer pendant 1 heure dans un endroit tiède.

❒ Préchauffez le four à 180 °C (th. 6). Travaillez de nouveau la pâte en y ajoutant les graines. Versez dans un moule à cake antiadhésif et laissez gonfler pendant 30 minutes.

❒ Faites cuire le pain pendant 35 minutes au four. Laissez tiédir avant de démouler, puis placez sur une grille.

CARPACCIO DE POMME, BANANE, ORANGE ET BASILIC

POUR 4 PERSONNES • PRÉPARATION : 20 MIN • RÉFRIGÉRATION : 40 MIN

2 pommes granny smith + 4 bananes fermes + 2 oranges + 2 citrons verts
1 bouquet de basilic + 1 sachet de sucre vanillé

- ❒ Lavez les pommes et coupez-les en fines lamelles. Coupez des lamelles de banane en biseau. Pelez les oranges et coupez-les en minces rondelles.
- ❒ Pressez les citrons. Ciselez le basilic.
- ❒ Faites mariner les fruits dans le citron et le basilic pendant 10 minutes
- ❒ Disposez les fruits en quinconce sur une assiette et saupoudrez-les d'un peu de sucre vanillé. Réservez 30 minutes au réfrigérateur avant de servir.

PETITES CRÈMES À LA BANANE, NOIX DE CAJOU ET AGRUMES

POUR 2 PERSONNES • PRÉPARATION : 5 MIN • TREMPAGE : 4 H

60 g de noix de cajou + 1 banane bien mûre (soit 150 g environ) + 2 petites cuil. à soupe de sirop d'érable et d'agave + Le jus de ½ citron jaune + 1 mandarine

❒ Faites tremper les noix de cajou au moins 4 heures dans l'eau. Égouttez-les et placez-les dans le bol d'un robot.

❒ Ajoutez la chair de la banane, le sirop et le jus de citron, puis mixez jusqu'à l'obtention d'une purée bien lisse.

❒ Répartissez dans 2 ramequins et décorez avec des quartiers de mandarine.

SMOOTHIE MELON, ANANAS, PAMPLEMOUSSE, CURCUMA, GINGEMBRE

POUR 4 PERSONNES • PRÉPARATION : 15 MIN

300 g de melon + 300 g d'ananas + 50-60 cl de jus de pamplemousse
6 brins de menthe fraîche + 1 cuil. à café de curcuma + 1 pincée de gingembre en poudre
12 glaçons

❒ Pelez le melon et épépinez-le. Coupez la chair en cubes. Pelez l'ananas et coupez la chair en cubes.

❒ Lavez la menthe, séchez-la et effeuillez-la.

❒ Rassemblez, dans le bol du blender, le melon, l'ananas, la menthe, les glaçons, le curcuma et le gingembre. Mixez longuement avec le jus de pamplemousse. Ajoutez plus ou moins de jus de pamplemousse, selon la texture que vous souhaitez obtenir.

❒ Dégustez bien frais.

CRÈME AU RIZ NOIR

POUR 4 PERSONNES • PRÉPARATION : 20 MIN

CUISSON : 2-3 MIN (HORS CUISSON DU RIZ)

150 g de riz noir + 2 cuil. à soupe de noisettes + 2 cuil. à soupe de poudre de coco
2 bananes mûres + 20 cl de lait d'amande + 1 cuil. à soupe d'extrait de vanille
1 cuil. à soupe de miel + 1 pincée de cannelle

❒ Faites cuire le riz noir en suivant les sur l'emballage, mais dépassez le temps de cuisson de 2 à 3 minutes afin que le riz soit bien collant. Égouttez.

❒ Faites dorer les noisettes et la poudre de noix de coco dans une poêle puis réduisez les noisettes en miettes à l'aide d'un mortier ou d'un couteau.

❒ Déposez les bananes coupées en morceaux dans un blender, ajoutez le lait d'amande, la cannelle, le miel, l'extrait de vanille et les deux tiers du riz noir, mixez.

❒ Mélangez cette préparation avec le reste du riz et mettez dans de petits verres. Parsemez du mélange coco-noisettes et servez aussitôt.

FRAISES AU YAOURT GREC ET POLLEN DES FLEURS

POUR 4 PERSONNES • PRÉPARATION : 5 MIN

1 barquette de fraises + 100 g de yaourt grec + 30 g de pollen des fleurs
1 cuil. à soupe de miel

❒ Rincez les fraises. Dans un bol, délayez le yaourt avec le miel. Déposez le pollen des fleurs dans un petit ramequin.

❒ Trempez la pointe de chaque fraise dans le yaourt grec au miel puis dans le pollen des fleurs. Servez dans de petites assiettes et dégustez !

SORBET ANTIOXYDANT AUX FRAISES

POUR 2 PERSONNES • PRÉPARATION : 10 MIN

200 g de fraises surgelées + 10 cl d'eau de coco + 10 g de menthe fraîche quelques feuilles pour la garniture + 1 cuil. à soupe de sirop d'agave + 2 glaçons
Quelques fraises fraîches pour la garniture

- Effeuillez la menthe et coupez les fraises fraîches finement.
- Mettez dans un blender les fraises surgelées et la menthe. Versez l'eau de coco, les glaçons et le sirop d'agave.
- Mixez et servez dans de petits verres avec quelques feuilles de menthe ciselées et les morceaux de fraise.

INDEX

AUTEURS DES RECETTES :

Zoé Armbruster p. 4, 12, 14, 30, 32, 34, 36, 37, 38, 40, 42, 43, 46, 54, 56, 60, 62, 63, 64, 66, 78, 81, 82, 114, 124, 126, 127, 128, 132, 134, 135, 136, 140, 143, 154, 165, 166, 167, 168, 176, 177, 186, 188, 189 ; Élisabeth Guedes/Valéry Guedes p. 50, 55, 92, 94, 96, 97, 106, 107, 122, 121, 171,172 ; Céline Mennetrier p. 6, 10, 15, 20, 104, 148, 150, 153, 160, 162 ; Émilie Laraison p. 22, 26, 27, 48, 49, 86, 88, 102, 108, 110, 118, 119, 122, 142, 182 ; Émilie Laraison/Antoine Martin p. 8, 45, 164, 170, 174, 178 ; Stéphanie Jouan p. 98, 130, 138, 144 ; Céline de Cérou p. 9, 16, 44, 68, 70, 71, 72, 74, 76, 85 ; Vincent Amiel p. 77, 80, 90, 152 ; Véronique Liégeois p. 100, 120, 180 ; Alice Greetham p. 52, 58, 84, 156, 158, 183 ; Dorian Nieto p. 116 ; Thierry Roussillon p. 24, 28, 184 ; Marion Beilin p. 18, 146

PHOTOGRAPHIES & STYLISME :

Zoé Armbruster p. 4, 12, 14, 30, 32, 34, 36, 37, 38, 40, 42, 43, 46, 54, 56, 60, 62, 63, 64, 66, 78, 81, 82, 114, 124, 126, 127, 128, 132, 134, 135, 136, 140, 143, 154, 165, 166, 167, 168, 176, 177, 186, 188, 189 ; Zoé Armbruster/Blaise Gargadennec p. 54, 56 ; Élisabeth Guedes/Valéry Guedes p. 50, 55, 92, 94, 96, 97, 106, 107, 122, 121, 171,172 , Valéry Guedes/Céline Mennetrier p. 6, 10, 15, 20, 104, 148, 150, 153, 160, 162 ; Émilie Laraison p. 8, 22, 26, 27, 45, 48, 49, 86, 88, 100, 102, 108, 110, 118, 119, 120, 122, 142, 164, 170, 174, 178, 180, 182 ; Stéphanie Jouan p. 98, 130, 138, 144 ; Céline de Cérou p. 9, 16, 44, 68, 70, 71, 72, 74, 76, 85 ; Claire Payen/Vincent Amiel p. 77, 80, 90, 152 ; Julie Bienvenot p. 52, 58, 84, 156, 158, 183 ; Dorian Nieto p. 116 ; Amandine Honegger/Sylvie Rost p. 18, 24, 28, 146, 184

Directeur éditorial : **Didier Férat**
Édition : **Émeline Gontier**
Graphisme : **Julia Philipps**
Mise en page et photogravure : **Nord Compo**
Fabrication : **Laurence Duboscq**

© 2020, Éditions Solar, un département d'Édi8
92 avenue de France, 75013 Paris

MIXTE
Papier issu de sources responsables
FSC® C003309

L'éditeur de cet ouvrage s'engage pour la préservation de l'environnement et utilise uniquement du papier certifié FSC©, issu de forêts gérées de manière responsable.

Tous droits de traduction, d'adaptation et de reproduction par tous procédés, réservés pour tous pays.

ISBN : 978-2-263-16986-1

Code éditeur : L16986

Dépôt légal : janvier 2020

Imprimé en Espagne par Macrolibros